두기

『대방광불화엄경 강설』 원문原文의 저본底本은 근세에 교정이 가장 잘 되었다고 정평이 나 있는 대만臺灣의 불타교육기금회佛陀教育基金會에서 출판한 『화엄경소초華嚴經疏鈔』본입니다.

『대방광불화엄경 강설』은 실차난타實叉難陀가 695년부터 699년까지 4년에 걸쳐 번역해 낸 80권본卷本 『대방광불화엄경』을 우리말로 옮기고 강설을 붙인 것입니다.

『대방광불화엄경』은 애초 산스크리트에서 한역漢譯된 경전이지만 현재 산스크리트본은 소실된 상태입니다. 산스크리트를 음차한 경우 굳이 원래 소리를 표기하려고 하기보다는 『표준국어대사전』이나 『불교사전』 등에 등재된 한자음을 사용하는 것을 원칙으로 하였습니다.

경문의 한글 번역은 동국역경원본을 참고하여 그대로 또는 첨삭을 하며 의미대로 번역하고 다듬었습니다.

각 품마다 내용에 따라 단락을 나누고 제목을 달았습니다. 단락의 제목은 주로 청량淸涼스님의 견해에 기초하였고 이통현李通玄장자의 견해를 참고로 하였습니다.

『대방광불화엄경 강설』의 발행 순서는 한역 경전의 편재 순서를 기준으로 하였고 각 권은 단행본 한 권씩으로 출간될 예정이며 모두 80권으로 완간됩니다. 다만 80권본에 빠져 있는 「보현행원품」은 80권본 완역 및 강설 후 시리즈에 포함돼 추가될 예정입니다.

『대방광불화엄경 강설』 안에서 불교용어를 풀이한 것은 운허스님이 저술하고 동국역경원에서 편찬한 『불교사전』을 인용하였습니다.

8. 각주의 청량스님의 소疏는 대만에서 입력한 大方廣佛華嚴經 사이트의 것을 사용하였습니다.

9. 『대방광불화엄경 강설』 입법계품에 들어가는 문수지남도는 북송北宋시대 불국佛國선사가 선재동자가 53명의 선지식을 친견하여 법을 구하는 장면을 하나하나 그림으로 그린 것입니다.

大方廣佛華嚴經

대방광불화엄경 강설
제 32 권

二十五. 십회향품十廻向品 10

실차난타實叉難陀 한역
무비스님 강설

서문

선근 회향을 얼마나 해야 대자대비한 보살의 서원을 가득 채울 수 있겠습니까. 무한한 공간과 무한한 시간을 다 채워도 대자대비한 보살의 이 선근 회향은 다 채우지 못할 것입니다.

어떤 보살은 "허공은 다함이 있을지언정 나의 서원은 다함이 없다[虛空有盡 我願無窮]."라고 하였습니다. 그 서원이 무엇이겠습니까. 과거 현재 미래의 모든 사람 모든 생명에게 자신이 닦은 선근을 널리 널리 회향하는 일입니다.

열 가지 회향 중에서 마지막 열 번째 회향입니다. 그 이름은 등법계무량회향等法界無量廻向입니다. 무한한 우주법계와 동등하게 한량없이 회향한다는 뜻입니다. 우주법계가 그 양이 얼마나 되겠습니까. 얼마나 되기에 우주법계와 동등하게 한량없이 회향한다는 것입니까.

부처님의 마음[佛心]은 실로 이와 같습니다. 보살의 서원은 실로 이와 같이 무진無盡 무진 무진하며 중중重重 중중 중중합니다.

아무리 보잘것없는 작은 선근이라도 회향합시다. 선근 회향이 불법입니다. 선근 회향이 부처님 마음이며 보살의 마음이며 조사와 선지식의 마음입니다. 선근 회향이 불교의 모든 것입니다.

회향할 선근이 없다 하지 말고 부드러운 미소 한 번으로 회향합시다. 겸손한 합장 한 번으로 회향합시다. 친절한 말 한 마디로 회향합시다. 진실과 정성이 담긴 태도로 회향합시다.

2015년 9월 1일

신라 화엄종찰 금정산 범어사

如天 無比

대방광불화엄경 목차

제39권 26. 십지품十地品 [6]
제40권 27. 십정품十定品 [1]
제41권 27. 십정품十定品 [2]
제42권 27. 십정품十定品 [3]
제43권 27. 십정품十定品 [4]
제44권 28. 십통품十通品
29. 십인품十忍品
제45권 30. 아승지품阿僧祇品
31. 여래수량품如來壽量品
32. 보살주처품菩薩住處品
제46권 33. 불부사의법품佛不思議法品 [1]
제47권 33. 불부사의법품佛不思議法品 [2]
제48권 34. 여래십신상해품如來十身相海品
35. 여래수호광명공덕품
如來隨好光明功德品
제49권 36. 보현행품普賢行品
제50권 37. 여래출현품如來出現品 [1]
제51권 37. 여래출현품如來出現品 [2]
제52권 37. 여래출현품如來出現品 [3]
제53권 38. 이세간품離世間品 [1]
제54권 38. 이세간품離世間品 [2]
제55권 38. 이세간품離世間品 [3]
제56권 38. 이세간품離世間品 [4]
제57권 38. 이세간품離世間品 [5]
제58권 38. 이세간품離世間品 [6]
제59권 38. 이세간품離世間品 [7]
제60권 39. 입법계품入法界品 [1]
제61권 39. 입법계품入法界品 [2]
제62권 39. 입법계품入法界品 [3]
제63권 39. 입법계품入法界品 [4]
제64권 39. 입법계품入法界品 [5]
제65권 39. 입법계품入法界品 [6]
제66권 39. 입법계품入法界品 [7]
제67권 39. 입법계품入法界品 [8]
제68권 39. 입법계품入法界品 [9]
제69권 39. 입법계품入法界品 [10]
제70권 39. 입법계품入法界品 [11]
제71권 39. 입법계품入法界品 [12]
제72권 39. 입법계품入法界品 [13]
제73권 39. 입법계품入法界品 [14]
제74권 39. 입법계품入法界品 [15]
제75권 39. 입법계품入法界品 [16]
제76권 39. 입법계품入法界品 [17]
제77권 39. 입법계품入法界品 [18]
제78권 39. 입법계품入法界品 [19]
제79권 39. 입법계품入法界品 [20]
제80권 39. 입법계품入法界品 [21]
제81권 40. 보현행원품普賢行願品

대방광불화엄경 강설 제32권

二十五. 십회향품十廻向品 10

4. 금강당보살이 열 가지 회향을 설하다

대방광불화엄경 강설

제32권

二十五. 십회향품 10

4. 금강당보살이 열 가지 회향을 설하다

12) 제10 등법계무량회향等法界無量迴向

(1) 법사의 지위에 올라 법보시를 하다

불자 운하위보살마하살 등법계무량회향
佛子야 云何爲菩薩摩訶薩의 等法界無量迴向고

불자 차보살마하살 이이구증 이계기정
佛子야 此菩薩摩訶薩이 以離垢繒으로 而繫其頂

주법사위 광행법시
하고 住法師位하야 廣行法施호대

"불자들이여, 무엇을 보살마하살의 법계와 같은 한량없는[等法界無量] 회향이라 하는가. 불자들이여, 이 보살마하살이 깨끗한 비단을 이마에 매고 법사法師의 지위에 머물면서 법보시法布施를 널리 행하느니라."

십회향의 마지막 열 번째는 법계와 같은 한량없는[等法界無量] 회향이다. 법계와 같은 한량없는 회향을 하려면 무엇을 어떻게 해야 하는가. 그것은 부처님께서 출가하고 수행하여 정각을 이루시고 나서 세상의 중생들을 위해서 무엇을 할 것인가에 대한 답이기도 하다. 부처님께서 숱한 난행과 고행을 통해서 얻은 진리의 깨달음을 만 중생에게 널리 가르치는 일이다. 그것을 법보시라 하며 법공양이라 한다.

제10 회향의 지위에 오른 보살도 부처님께서 평생을 통해 행하신 것과 같은 법보시를 하려면 모든 번뇌를 떠난 청정한 본래의 마음으로 돌아가야 한다. 깨끗한 비단을 이마에 매었다는 것은 아무런 번뇌가 없는 청정한 진여본성이 본래로 갖추고 있는 육바라밀과 십바라밀과 십선과 사무량심과 사섭법과 인의예지 등을 마음껏 펼치는 것을 상징한 것이다. 십회향보살이 법사의 지위에 올라 중생을 위해 널리 법을 설하는 내용을 두루 밝혔다.

기대자비 안립중생어보리심 상행요
起大慈悲하야 **安立衆生於菩提心**하며 **常行饒**

익　무유휴식　이보리심　장양선근　위
益하야 無有休息하며 以菩提心으로 長養善根하며 爲

제중생　작조어사　시제중생일체지도
諸衆生하야 作調御師하야 示諸衆生一切智道하며

"큰 자비심을 내어 중생들을 보리심에 편안히 머물게 하며, 항상 요익한 일을 행하여 쉬지 아니하며, 보리심으로 선근을 기르며, 모든 중생을 위하여 조어사調御師가 되어서 모든 중생에게 일체 지혜의 길을 보이느니라."

법을 보시한다는 것은 큰 자비심을 일으켜서 중생들을 지혜와 자비의 보리심에 편안히 머물게 하는 것이다. 또 중생들에게 요익한 일을 행하는 데는 휴식이 없다. 즉 사섭법의 중생을 위해 이익한 행을 한다는 이행利行이다. 또 지혜와 자비의 보리심으로 선근을 증장시킨다. "모든 중생을 위하여 조어사調御師가 되어서 모든 중생에게 일체 지혜의 길을 보인다."는 조어사란 곧 부처님을 뜻한다. 조어調御는 중생의 삼업三業을 잘 조화하여 여러 가지 악한 행위를 제어하고 조복調伏하고 바르게 다스린다는 뜻이다. 법을 보시하는 것은 이와 같은 일이다.

위제중생 작법장일 선근광명 보조
爲諸衆生하야 作法藏日하야 善根光明으로 普照

일체 어제중생 기심평등 수제선행
一切하며 於諸衆生에 其心平等하야 修諸善行하야

무유휴식 심정무염 지혜자재 불사일
無有休息하며 心淨無染하야 智慧自在하야 不捨一

체선근도업
切善根道業하며

"모든 중생을 위해서 법장法藏의 태양이 되어 선근의 광명으로 일체 세계를 널리 비추며, 모든 중생에게 그 마음이 평등하여 모든 선행을 닦아서 쉬지 아니하며, 마음이 깨끗하여 물들지 않고 지혜가 자재하여 일체 선근의 업을 버리지 아니하느니라."

또 법을 보시하는 일은 모든 중생을 위해서 진리의 가르침[法]으로 큰 곳집[藏]의 태양이 된다. 그 태양의 빛은 일체 선근의 빛이다. 보살행의 빛이며 보현행의 빛이다. 그 빛으로 일체 세계를 밝게 비춘다. 또 모든 중생을 평등하게 대하여 선행을 베푼다. 보살이 선행을 행하는 데는 차별이 없으며 쉬는 일이 없다. 또 법을 보시하는 일은 마음이 깨끗하여 물들지 않고 지혜가 자재하여 일체 선근의 업을 버리지 않는 것이기도 하다.

작제중생 대지상주 보령득입안은정도
作諸衆生의 **大智商主**하야 **普令得入安隱正道**

위제중생 이작도수 영수일체선근법
하며 **爲諸衆生**하야 **而作導首**하야 **令修一切善根法**

행 위제중생 작불가괴견고선우 영기
行하며 **爲諸衆生**하야 **作不可壞堅固善友**하야 **令其**

선근 증장성취
善根으로 **增長成就**니라

"모든 중생에게 큰 지혜가 있는 장사의 물주가 되어 그들로 하여금 편안하고 바른 길에 들어가게 하며, 모든 중생을 위해서 지도하는 우두머리가 되어 일체 선근의 법과 행을 닦게 하며, 모든 중생들을 위해서 깨뜨릴 수 없는 굳건한 선지식이 되어 선근이 자라서 성취케 하느니라."

법을 보시하는 보살은 세상의 지도자가 되어 사람 사람의 삶을 바르고 선한 길로 잘 인도한다는 뜻이다. 훌륭한 지도자는 모든 국민으로 하여금 일체 선근의 법과 행을 닦게 만든다. 최소한의 의식주만 해결된다면 다음에는 모두 정직하고 선량하게 살도록 인도한다. 사람들이 정직하고 선량해야 세상이 평화롭고 행복하고 향기롭다. 모든 중생을 위해서 언제나 좋은 길로 인도하는 변함없는 굳건한 선지식이 되어 선근이 자라게 한다. 세상에는 이와 같은 보살들이 꽉 차서 넘쳐나야 한다. 그것이 부처님과 보살들의 희망이며 꿈이다.

(2) 법보시法布施가 으뜸이 되어 모든 법을 내다

불자 차보살마하살 이법시위수 발생
佛子야 **此菩薩摩訶薩**이 **以法施爲首**하야 **發生**

일체청정백법 섭수취향일체지심 수승
一切清淨白法하야 **攝受趣向一切智心**하며 **殊勝**

원력 구경견고 성취증익 구대위덕
願力이 究竟堅固하며 成就增益하야 具大威德하며

의선지식 심무첨광 사유관찰일체지문
依善知識하야 心無諂誑하며 思惟觀察一切智門

무변경계
無邊境界하나니라

"불자들이여, 이 보살마하살이 법보시가 으뜸이 되어 모든 청정한 법을 내고 섭수하여 일체 지혜의 마음에 나아가며, 수승한 원력이 끝까지 견고하며, 성취하고 증장하여 큰 위덕을 갖추며, 선지식을 의지하여 아첨하는 마음이 없으며, 일체 지혜의 문과 그지없는 경계를 생각하고 관찰하느니라."

법계와 같은 한량없는 회향[等法界無量廻向]에 오른 보살은 법보시를 으뜸으로 여겨서 정법을 무한정 베풀고 보시하고 공양한다. 그 일로 자신도 남도 다 같이 청정한 법을 이끌어 내게 한다. 일체 지혜의 마음에 나아가고, 세상을 온통 보살로 가득히 채우려는 수승한 원력이 끝까지 견고하여 성취하고 증장한다. 자신의 지혜를 성장시키는 선지식이라면 누구나 의지하여 질투하거나 시기하지 않고 수순하여 배운다. 그것이 일체 지혜의 문과 그지없는 경계를 생각하고 관찰하는 일이다.

(3) 불법을 듣고 자리이타를 원함

1〉 전체를 밝히다

이차선근　여시회향　원득수습　성취
以此善根으로 **如是廻向**호대 **願得修習**하야 **成就**

증장광대무애일체경계
增長廣大無礙一切境界하며

"이 선근으로 이와 같이 회향하느니라. '원컨대 닦고 익혀서 광대하고 걸림이 없는 일체 경계를 성취하고 증장케 하여지이다.' 라고 하느니라."

법계와 같은 한량없는 회향을 닦는 보살은 법을 보시하는 선근으로 회향한다. 광대하고 걸림이 없는 일체 경계에 대해 청량스님은 소疏에서 이렇게 설하였다. "일체 경계란 글은 첫 단락에 국한되나 뜻은 21단의 회향을 모두 갖추었다.

그것이 모두 일체 경계이다. 이 일체 경계가 광대하기가 법계와 같아서 이사理事와 사사事事에 다 장애가 없다. 이와 같은 경계를 모두 증장하고 성취한다."[1]

원득어불정교지중 내지청문일구일게
願得於佛正教之中에 **乃至聽聞一句一偈**라도

수지연설
受持演說하며

"'원컨대 부처님의 바른 교법에서 한 구절이나 한 게송만이라도 듣고 받아 지니고 연설할 수 있게 하여지이다.' 라고 하느니라."

부처님과 같은 시대에 같은 장소에서 살더라도 그분의 가르침을 듣지 못한다면 함께 있는 것이 아니다. 그러나 시대가 다르고 장소가 다르더라도 그분의 가르침을 문자나 기억이나 소리를 통해서 들을 수 있다면 언제 어떤 장소에서

1) 【一切境】者, 文局初段. 義總該於二十一段迴向, 皆一切境. 此一切境廣大如法界. 理事事事皆無障礙. 如此之境皆得增長成就.

든 부처님과 함께하는 것이 된다. 그래서 한 구절 한 게송만이라도 스스로 기억하고 문자를 읽고 소리를 듣고 또한 다른 사람에게도 전해 줘야 한다. 그것이 전법이며 포교다. 그것이 또한 부처님과 늘 함께하는 길이다.

원득억념여법계등 무량무변일체세계 거
願得憶念與法界等한 無量無邊一切世界의 去

래현재일체제불 기억념이 수보살행
來現在一切諸佛하고 旣憶念已에 修菩薩行하니라

"'원컨대 법계와 평등하여 한량없고 그지없는 일체 세계의 과거 미래 현재에 계시는 일체 모든 부처님을 생각하고, 이미 생각하고 나서는 보살행을 닦게 하여지이다.' 라고 하느니라."

법계와 평등하여 한량없고 그지없는 일체 세계의 과거 미래 현재에 계시는 일체 모든 부처님은 무엇을 이르는 말인가? 부처님께서 정각을 이루시고 녹야원에서 다섯 비구를 시작으로 80평생 49년간 설법하신 것과 그것을 다시 결집結集

하여 오늘에 이르도록 제자들이 다시 부연하여 설하고 문자로 기록하고 그림으로 기록하여 세상에 가득하게 한 그 모든 것이다. 그 내용을 한마디로 요약하면 보살행의 실천이다.

2〉 부처님을 생각하는 선근

우원이차염불선근　위일중생　어일세
又願以此念佛善根으로 **爲一衆生**하야 **於一世**

계　진미래겁　수보살행
界에 **盡未來劫**토록 **修菩薩行**이니

"또 '원컨대 부처님을 생각하는 선근으로 한 중생을 위하여 한 세계에서 오는 세월이 끝나도록 보살의 행을 닦아지이다.' 라고 하느니라."

부처님을 생각하는 선근으로 발원하는 것은 곧 부처님께서 가르치신 설법을 생각하여 한 중생을 위하여 한 세계에서 미래 세상이 끝나도록 보살행을 닦는 것이다.

여어일세계 진법계허공계일체세계
如於一世界하야 盡法界虛空界一切世界에도

개역여시
皆亦如是하며

"한 세계에서와 같이 온 법계와 허공계의 일체 세계에서도 다 또한 그와 같이 하여지이다."

여위일중생 위일체중생 역부여시
如爲一衆生하야 爲一切衆生도 亦復如是하야

이선방편 일일개위 진미래겁 대서장
以善方便으로 一一皆爲호대 盡未來劫토록 大誓莊

엄 종무이불선지식상
嚴하야 終無離佛善知識想하며

"한 중생을 위한 것과 같이 일체 중생을 위하여서도 또한 다시 그러하며, 훌륭한 방편으로 낱낱이 다 오는 세월이 끝나도록 큰 서원으로 장엄하여 끝까지 부처님과 선지식을 떠날 생각이 없게 하여지이다."

상견제불 현재기전 무유일불 출흥어
常見諸佛이 現在其前호대 無有一佛도 出興於

세 부득친근
世에 不得親近하니라

"'항상 부처님들이 앞에 나타나심을 보며, 한 부처님이라도 세상에 출현하실 적에 친근하지 않음이 없게 하여지이다.' 라고 하느니라."

부처님께서 깨달으신 진리의 가르침을 전하는 데는 훌륭한 방편을 활용하여야 효과적으로 할 수 있다. 또 큰 서원으로 장엄한 보살은 부처님과 선지식을 떠나 있지 않고 늘 함께한다. 법을 보시하는 일을 삶의 최고 가치로 생각하는 보살은 한 부처님과 한 선지식과 한 스승이라도 항상 친견하기를 원한다. 부처님과 선지식과 스승은 곧 가르침이기 때문이다.

3〉 범행梵行을 닦음

일체제불 급제보살 소찬소설청정범행
一切諸佛과 及諸菩薩의 所讚所說淸淨梵行을

서원수행 실령원만
誓願修行하야 悉令圓滿하나니

"일체 모든 부처님과 모든 보살이 찬탄하고 말씀하신 청정한 범행梵行을 서원誓願코 수행하여 원만케 하느니라."

소위불파범행 불결범행 부잡범행 무점
所謂不破梵行과 不缺梵行과 不雜梵行과 無玷

범행 무실범행 무능폐범행 불소찬범행
梵行과 無失梵行과 無能蔽梵行과 佛所讚梵行과

무소의범행 무소득범행 증익보살청정범행
無所依梵行과 無所得梵行과 增益菩薩淸淨梵行과

"이른바 파괴되지 않는 범행, 결손이 없는 범행, 잡란하지 않은 범행, 티 없는 범행, 실수 없는 범행, 가릴 수 없는 범행, 부처님이 칭찬하는 범행, 의지한 데 없는 범행, 얻은 것 없는 범행, 보살의 청정을 더하게 하는 범행이니라."

삼세제불소행범행 무애범행 무착범행
三世諸佛所行梵行과 無礙梵行과 無着梵行과

무쟁범행 무멸범행 안주범행 무비범행
無諍梵行과 無滅梵行과 安住梵行과 無比梵行과

무동범행 무란범행 무에범행
無動梵行과 無亂梵行과 無恚梵行이니라

"삼세의 부처님이 행하시던 범행, 걸림이 없는 범행, 집착이 없는 범행, 다툼이 없는 범행, 멸하지 않는 범행, 편안히 머무는 범행, 비길 데 없는 범행, 동하지 않는 범행, 산란하지 않은 범행, 성냄이 없는 범행이니라."

모든 부처님과 모든 보살이 찬탄하고 말씀하신 청정한 범행을 서원코 수행하여 원만케 한다고 하였다. 일찍이 제17권에서 범행품을 설하였다. 범행품에서는 무엇이 진정한 범행인가를 설하였으나 여기서의 범행은 3천 가지 위의威儀와 8만 가지 세행細行을 가리킨 것이다. 즉 수행자의 일거수

일투족이 외형적으로도 여법如法하여야 함을 밝힌 것이다.

4〉 자기를 위한 수행이 중생을 위함이다

불자 보살마하살 약능위기 수행여시
佛子야 菩薩摩訶薩이 若能爲己하야 修行如是

청정범행 즉능보위일체중생
淸淨梵行하면 則能普爲一切衆生하나니

"불자들이여, 보살마하살이 만일 자기를 위하여 이와 같이 청정한 범행을 수행하면 곧 능히 일체 중생을 위하게 되느니라."

진실로 자기를 위해서 정법의 수행을 한다면 그 수행은 반드시 일체 중생을 위한 수행이 된다. 부처님께서 처음 출가하여 수행하신 것은 자신의 생사 해탈을 위한 것이었다. 그러나 그 결과는 널리 일체 중생을 위한 수행으로 귀결되었다. 부처님의 수행을 통해서 일체 중생에게 아래와 같은 이익이 있게 됨을 낱낱이 밝혔다.

영일체중생 개득안주 영일체중생
令一切衆生으로 皆得安住하며 令一切衆生으로

개득개효 영일체중생 개득성취 영일
皆得開曉하며 令一切衆生으로 皆得成就하며 令一

체중생 개득청정
切衆生으로 皆得淸淨하며

"일체 중생으로 하여금 다 편안히 머물게 하며, 일체 중생으로 하여금 다 알게 하며, 일체 중생으로 하여금 다 성취케 하며, 일체 중생으로 하여금 다 청정케 하느니라."

영일체중생 개득무구 영일체중생
令一切衆生으로 皆得無垢하며 令一切衆生으로

개득조명 영일체중생 이제진염 영일
皆得照明하며 令一切衆生으로 離諸塵染하며 令一

체중생 무제장예
切衆生으로 無諸障翳하며

"일체 중생으로 하여금 다 때[垢]가 없게 하며, 일체 중생으로 하여금 다 밝게 비춤을 얻게 하며, 일체 중생으로 하여금 티끌을 여의게 하며, 일체 중생으로 하여금 막힘이 없게 하느니라."

영일체중생 이제열뇌 영일체중생
令一切衆生으로 離諸熱惱하며 令一切衆生으로

이제전박 영일체중생 영리제악 영일
離諸纏縛하며 令一切衆生으로 永離諸惡하며 令一

체중생 무제뇌해 필경청정
切衆生으로 無諸惱害하야 畢竟淸淨이니라

"일체 중생으로 하여금 번뇌를 여의게 하며, 일체 중생으로 하여금 속박을 여의게 하며, 일체 중생으로 하여금 나쁜 일을 여의게 하며, 일체 중생으로 하여금 해침이 없고 필경까지 청정케 하느니라."

부처님의 수행이 일체 중생으로 하여금 위와 같은 크나큰 이익이 있게 하였듯이 일체 보살과 일체 수행자의 수행도 그와 같다. 한 사람의 정법에 의한 수행은 그 효과가 얼마나 크게 미치는지 알 수 없다. 마치 한 사람이 부처님께 예배를

올리면 그 사람의 몸에 있는 60조의 모든 세포도 함께 예배하는 것이 되는 것과 같다. 또 한 나라의 한 사람이 훌륭한 성인이 되면 그 나라의 수많은 사람이 그 성인의 영향을 받아 나라가 청정해지는 것과 같다. 한 가정이나 한 사찰이나 한 지역에서야 어떻겠는가.

5〉 까닭을 되돌려 해석[反釋]하다

하이고 보살마하살 자어범행 불능청정
何以故오 **菩薩摩訶薩**이 **自於梵行**에 **不能清淨**

불능영타 이득청정
이면 **不能令他**로 **而得清淨**하며

“무슨 까닭인가. 보살마하살이 자기가 범행에 청정하지 못하면 다른 이로 하여금 청정케 하지 못하느니라.”

자어범행 이유퇴전 불능영타 무유퇴
自於梵行에 **而有退轉**이면 **不能令他**로 **無有退**

전
轉하며

"자기가 범행에 물러남이 있으면 다른 이로 하여금 물러남이 없게 하지 못하느니라."

자어범행 이유실괴 불능영타 무유실괴
自於梵行에 **而有失壞**면 **不能令他**로 **無有失壞**하며

"자기가 범행에 잘못됨이 있으면 다른 이로 하여금 잘못됨이 없게 하지 못하느니라."

자어범행 이유원리 불능영타 상불원리
自於梵行에 **而有遠離**면 **不能令他**로 **常不遠離**하며

"자기가 범행에서 멀리 떠남이 있으면 다른 이로 하여금 떠나지 않게 하지 못하느니라."

자어범행 이유해태 불능영타 불생해태
自於梵行에 **而有懈怠**면 **不能令他**로 **不生懈怠**하며

"자기가 범행에 게으르면 다른 이로 하여금 게으르

지 않게 하지 못하느니라."

자어범행 불생신해 불능영타 심생신해
自於梵行에 不生信解면 不能令他로 心生信解하며

"자기가 범행에 믿고 이해함을 내지 못하면 다른 이로 하여금 믿고 이해함을 내게 하지 못하느니라."

자어범행 이불안주 불능영타 이득안주
自於梵行에 而不安住면 不能令他로 而得安住하며

"자기가 범행에 편안히 머무르지 않고는 다른 이로 하여금 편안히 머물게 하지 못하느니라."

자어범행 이부증입 불능영타 심득증입
自於梵行에 而不證入이면 不能令他로 心得證入하며

"자기가 범행을 증득하지 못하면 다른 이로 하여금 마음을 증득하게 하지 못하느니라."

자어범행 이유방사 불능영타 항불방사
自於梵行에 而有放捨면 不能令他로 恒不放捨하며

"자기가 범행을 버리고는 다른 이로 하여금 버리지 않게 하지 못하느니라."

자어범행 이유산동 불능영타 심불산동
自於梵行에 而有散動이면 不能令他로 心不散動이니라

"자기가 범행에 흔들림이 있으면 다른 이로 하여금 마음이 흔들리지 않게 하지 못하느니라."

자기가 헤엄칠 줄 모르면 다른 이를 물에서 건지지 못한다. 자기가 베풀지 않고는 다른 이를 베풀게 하지 못한다.

자기가 알지 못하면 다른 이를 알게 하지 못한다. 자기가 가서 보지 않고는 다른 이를 가서 보게 하지 못한다.

6〉 까닭을 순리順理로 해석하다

하이고 보살마하살 주무도행 설무
何以故오 **菩薩摩訶薩**이 **住無倒行**하고야 **說無**
도법
倒法하며

"무슨 까닭인가. 보살마하살이 전도顚倒됨이 없는 행行에 머물러야 전도됨이 없는 법을 설하느니라."

소언성실 여설수행
所言誠實하고야 **如說修行**하며

"말하는 바가 진실하여야 말한 대로 수행하느니라."

정신구의 이제잡염
淨身口意하고야 **離諸雜染**하며

"몸과 입과 뜻이 깨끗하여야 모든 더러움을 여의느니라."

주 무 애 행 　 멸 일 체 장
住無礙行하고야 滅一切障이니라

"걸림이 없는 행行에 머물러야 일체 장애를 소멸하느니라."

보 살 마 하 살 　 자 득 정 심 　 위 타 연 설 청 정
菩薩摩訶薩이 自得淨心하고사 爲他演說淸淨

심 법
心法하며

"보살마하살이 스스로 깨끗한 마음을 얻고서야 다른 이에게 청정한 마음의 법을 연설하느니라."

자 수 화 인 　 이 제 선 근 　 조 복 기 심 　 영
自修和忍하야 以諸善根으로 調伏其心하고사 令

타화인　　이제선근　　조복기심
他和忍하야 **以諸善根**으로 **調伏其心**하며

"스스로 화평하고 참아서 모든 선근으로 마음을 조복하여야 다른 사람으로 하여금 화평하고 참아서 모든 선근으로 마음을 조복하게 하느니라."

자리의회　　역령타인　　영리의회
自離疑悔하고사 **亦令他人**으로 **永離疑悔**하며

"스스로 의혹을 여의고서야 또한 다른 사람으로 하여금 영원히 의혹을 여의게 하느니라."

자득정신　　역령타　득불괴정신
自得淨信하고사 **亦令他**로 **得不壞淨信**하며

"스스로 깨끗한 신심을 얻고서야 또한 다른 이로 하여금 깨끗한 신심을 깨뜨리지 않게 하느니라."

자 주 정 법　　역 령 중 생　　안 주 정 법
自住正法하고사 **亦令衆生**으로 **安住正法**이니라

"자기가 바른 법에 머물고서야 또한 중생으로 하여금 바른 법에 편안히 머물게 하느니라."

위의 경문에 대해 청량스님은 소疏에서 유마경과 섭론攝論의 글을 이끌어 이와 같이 밝혔다. "정명이 이르대 '만약 스스로 속박이 있으면서 능히 다른 사람의 속박을 풀어 주는 것은 옳지 않다.' 또 섭론에 이르대 '만약 스스로 삿된 행에 머무르면서 설사 다른 사람의 잘못을 바로잡고자 하더라도 이 사람은 마침내 그 사람의 허물을 막을 수 없으리라.'"[2)]

(4) 법을 얻어 자타가 이익하기를 원하다

1〉 법을 얻음을 모두 밝히다

불 자　보 살 마 하 살　부 이 법 시 소 생 선 근
佛子야 **菩薩摩訶薩**이 **復以法施所生善根**으로

2) 淨名云 '若自有縛, 能解彼縛, 無有是處'. 攝論云 '若自住邪行, 設欲正他非, 是人終不能制止他過失.'

여시회향　소위원아획득일체제불무진법
如是迴向하나니 所謂願我獲得一切諸佛無盡法

문　보위중생　분별해설　개령환희
門하고 普爲衆生하야 分別解說호대 皆令歡喜하야

심득만족　최멸일체외도이론
心得滿足하야 摧滅一切外道異論하니라

"불자들이여, 보살마하살이 법보시로 생긴 선근으로 이와 같이 회향하느니라. '원컨대 내가 일체 여러 부처님의 다함없는 법문을 얻어서 널리 중생을 위하여 분별하고 해설하되 모두 환희하여 마음을 만족케 하며, 일체 외도의 다른 논리를 부수어 소멸해지이다.' 라고 하느니라."

법을 널리 보시하는 것은 사람들에게 일체 존재의 실상을 깨달아 진리에서 기쁨을 얻게 하고, 진리의 가르침에서 만족을 얻게 하고, 더 이상 외도나 삿된 가르침에 물들지 않게 하는 것이다. 그리고 궁극에는 이 땅에 삿된 가르침이 없어져서 존재하지 못하게 하는 것이다.

2〉 법을 연설하다

원 아 능 위 일 체 중 생　　연 설 삼 세 제 불 법 해
願我能爲一切衆生하야 演說三世諸佛法海호대

어 일 일 법 생 기　일 일 법 의 리　일 일 법 명 언　일
於一一法生起와 一一法義理와 一一法名言과 一

일 법 안 립　일 일 법 해 설　일 일 법 현 시　일 일 법
一法安立과 一一法解說과 一一法顯示와 一一法

문 호　일 일 법 오 입　일 일 법 관 찰　일 일 법 분 위
門戶와 一一法悟入과 一一法觀察과 一一法分位에

실 득 무 변 무 진 법 장　　획 무 소 외　　구 사 변 재
悉得無邊無盡法藏하며 獲無所畏하고 具四辯才하야

광 위 중 생　　분 별 해 설　　궁 미 래 제　　이 무 유
廣爲衆生하야 分別解說호대 窮未來際토록 而無有

진
盡하니라

"'원컨대 내가 능히 일체 중생에게 삼세 모든 부처님의 법을 연설하되, 낱낱 법이 생기는 데와, 낱낱 법의 이치와, 낱낱 법의 이름과, 낱낱 법의 안립安立과, 낱낱 법의 해설과, 낱낱 법의 나타내 보임과, 낱낱 법의 문호門戶와, 낱낱 법의 깨달음과, 낱낱 법의 관찰과, 낱낱 법

의 부분 부분의 지위에서 끝없고 다함없는 법장法藏을 모두 얻고는 두려움이 없음을 얻으며, 네 가지 변재를 구족하고 널리 중생을 위하여 분별하여 해설하되 오는 세월이 끝나도록 다함이 없어지이다.' 라고 하느니라."

낱낱 법이란 세상 온갖 현상의 차별한 법을 말한다. 차별한 법에는 그 법이 일어나는 여러 가지 인연이 있다. 또 낱낱이 그 이치가 있고, 이름이 있고, 그렇게 존재하는 안립이 있고, 설명이 있고, 나타내 보이는 것 등등이 있음을 밝히고, 그것을 연설하는 것이다. 이와 같은 연설이 오는 세월이 끝나도록 다함이 없기를 원하는 것이다.

3〉 법을 연설하는 까닭

위 욕 령 일 체 중 생　　입 승 지 원　　출 생 무 애
爲欲令一切衆生으로 **立勝志願**하야 **出生無礙**

무 류 실 변
無謬失辯하며

"일체 중생으로 하여금 훌륭한 뜻과 원願을 세우고 걸

림이 없고 그릇됨이 없는 변재를 내게 하려는 것이니라."

위욕령일체중생 개생환희
爲欲令一切衆生으로 **皆生歡喜**하며

"일체 중생으로 하여금 다 환희케 하려는 것이니라."

위욕령일체중생 성취일체정법광명
爲欲令一切衆生으로 **成就一切淨法光明**하야
수기류음 연설무단
隨其類音하야 **演說無斷**하며

"일체 중생으로 하여금 모든 깨끗한 법의 광명을 성취하고 그 종류의 음성을 따라 끊임없이 연설케 하려는 것이니라."

위욕령일체중생 심신환희 주일체지
爲欲令一切衆生으로 **深信歡喜**하야 **住一切智**하고

변 료 제 법　　비 무 미 혹
辨了諸法하야 俾無迷惑이니라

"일체 중생으로 하여금 깊이 믿고 환희하여 온갖 지혜에 머물러서 여러 가지 법을 분명히 알아 의혹이 없게 하려는 것이니라."

앞에서 낱낱 법의 온갖 일어나는 인연과 그 이치와 이름과 그렇게 존재하는 안립 등을 연설함을 밝히고, 여기에서는 연설하는 까닭이 모두 중생을 위한 것임을 밝혔다.

4〉 스스로 닦아 덕을 이룸

작 시 념 언　　아 당 보 어 일 체 세 계　　위 제 중 생
作是念言호대 我當普於一切世界에 爲諸衆生

정 근 수 습　　득 변 법 계 무 량 자 재 신
하야 精勤修習하야 得徧法界無量自在身하며

"생각하기를 '내가 마땅히 널리 일체 세계의 모든 중생을 위하여 부지런히 수행하여 법계法界에 두루 한 한량없이 자재한 몸을 얻으리라.' 라고 하느니라."

앞에서 법을 연설하고, 법을 연설하는 것은 중생의 이익을 위한 것임을 밝혔다. 그리고 중생의 이익은 자신에게 '법계法界에 두루 한 한량없이 자재한 몸을 얻으리라.'라고 생각하게 한다. 이것이 곧 선을 닦아 덕을 이룸이다.

득 변 법 계 무 량 광 대 심　　구 등 법 계 무 량 청 정
得徧法界無量廣大心하며 **具等法界無量清淨**

음 성　　현 등 법 계 무 량 중 회 도 량　　수 등 법 계
音聲하며 **現等法界無量衆會道場**하며 **修等法界**

무 량 보 살 업
無量菩薩業하며

"'법계에 두루 한 한량없이 광대한 마음을 얻으리라. 법계와 동등한 한량없이 청정한 음성을 갖추리라. 법계와 동등한 한량없는 대중이 모인 도량을 나타내리라. 법계와 동등한 한량없는 보살의 업業을 닦으리라.' 라고 하느니라."

득 등 법 계 무 량 보 살 주　　증 등 법 계 무 량 보 살
得等法界無量菩薩住하며 證等法界無量菩薩

평 등　　학 등 법 계 무 량 보 살 법　　주 등 법 계 무
平等하며 學等法界無量菩薩法하며 住等法界無

량 보 살 행　　입 등 법 계 무 량 보 살 회 향
量菩薩行하며 入等法界無量菩薩廻向이니라

"'법계와 동등한 한량없는 보살의 머무는 데를 얻으리라. 법계와 동등한 한량없는 보살의 평등을 증득하리라. 법계와 동등한 한량없는 보살의 법法을 배우리라. 법계와 동등한 한량없는 보살의 행行에 머무르리라. 법계와 동등한 한량없는 보살의 회향廻向에 들어가리라.' 라고 하느니라."

시 위 보 살 마 하 살　이 제 선 근　　이 위 회 향
是爲菩薩摩訶薩이 以諸善根으로 而爲廻向이니

위 령 중 생　　실 득 성 취 일 체 지 고
爲令衆生으로 悉得成就一切智故니라

"이것이 보살마하살이 모든 선근善根으로 회향함이니, 중생으로 하여금 온갖 지혜를 모두 성취케 하려는

연고이니라."

보살이 낱낱 법의 일어나는 인연과 이치와 이름 등등을 연설하고 그 까닭으로 중생의 이익을 위한 것임을 밝혔다. 그것으로 보살은 다시 또 스스로 선근 회향을 닦아 덕을 이루게 됨을 밝혔다.

(5) 자리이타행自利利他行의 원만

불자　보살마하살　부이선근　여시회향
佛子야 **菩薩摩訶薩**이 **復以善根**으로 **如是廻向**하나니

"불자들이여, 보살마하살이 다시 선근으로 이와 같이 회향하느니라."

보살이 다시 선근으로 자신에게도 이롭고 다른 사람에게도 이로운, 행이 원만한 회향을 밝힌다.

소위위욕견등법계무량제불　조복등법계
所謂爲欲見等法界無量諸佛하며 調伏等法界

무량중생　주지등법계무량불찰
無量衆生하며 住持等法界無量佛刹하며

"이른바 법계와 동등한 한량없는 모든 부처님을 친견하고자 하는 것이며, 법계와 동등한 한량없는 중생을 조복하려는 것이며, 법계와 동등한 한량없는 부처님의 세계에 머물려는 것이니라."

증등법계무량보살지　획등법계무량무소
證等法界無量菩薩智하며 獲等法界無量無所

외　성등법계무량제보살다라니
畏하며 成等法界無量諸菩薩陀羅尼하며

"법계와 동등한 한량없는 보살의 지혜를 증득하려는 것이며, 법계와 동등한 한량없는 두려움 없음을 얻으려는 것이며, 법계와 동등한 한량없는 모든 보살의 다라니를 이루려는 것이니라."

득등법계무량제보살부사의주 구등법계
得等法界無量諸菩薩不思議住하며 具等法界

무량공덕 만등법계무량이익중생선근
無量功德하며 滿等法界無量利益衆生善根이니라

"법계와 동등한 한량없는 보살이 불가사의하게 머무는 데를 얻으려는 것이며, 법계와 동등한 한량없는 공덕을 갖추려는 것이며, 법계와 동등한 한량없는 중생을 이익케 하는 선근을 만족하려는 것이니라."

보살이 선근으로 회향하여 아홉 가지의 법계와 동등한 자신의 이익에 대한 원을 들었다. 하나하나가 모두 수행의 궁극에 이른 부처님의 능력과 조금도 다름이 없다. "법계와 동등한 한량없는 공덕을 갖추려는 것이며, 법계와 동등한 한량없는 중생을 이익케 하는 선근을 만족하려는 것" 등이 그것이다.

우원이차선근고 영아득복덕평등 지혜
又願以此善根故로 令我得福德平等과 智慧

평등 역평등 무외평등 청정평등 자재평
平等과 力平等과 無畏平等과 淸淨平等과 自在平

등 정각평등 설법평등 의평등 결정평등
等과 正覺平等과 說法平等과 義平等과 決定平等과

일체신통평등 여시등법 개실원만 여아
一切神通平等하야 如是等法이 皆悉圓滿하며 如我

소득 원일체중생 역여시득 여아무이
所得하야 願一切衆生도 亦如是得하야 如我無異니라

"또 '원컨대 이 선근 인연으로써 내가 복덕이 평등하고, 지혜가 평등하고, 힘이 평등하고, 두려움 없음이 평등하고, 청정함이 평등하고, 자재함이 평등하고, 정각이 평등하고, 설법이 평등하고, 이치가 평등하고, 결정함이 평등하고, 일체 신통이 평등함을 얻게 하여 이와 같은 등의 법들이 모두 원만하여지이다.' 라고 하며, '내가 얻은 것처럼 원컨대 일체 중생도 또한 이와 같이 얻어서 나와 같아서 다름이 없어지이다.' 라고 하느니라."

보살이 선근으로 회향하고 마지막 열 번째 원으로 열한 가지의 평등을 들었다. "복덕이 평등하고, 지혜가 평등하고, 힘이 평등하고, 두려움 없음이 평등하고, 청정함이 평등함"

등이 그것이다. 그리고 다시 '나와 같이 일체 중생도 똑같아지이다.'라고 하였다. 이것이 자리이타행이다. 모든 불사나 일체 법문 끝에 반드시 "자타일시성불도自他一時成佛道하여지이다."라고 하는 것이 그것이다.

(6) 수행이 법계에 합하기를 원하다

불자 보살마하살 부이선근 여시회향
佛子야 **菩薩摩訶薩**이 **復以善根**으로 **如是迴向**하나니

"불자들이여, 보살마하살이 다시 선근으로 이와 같이 회향하느니라."

법계法界란 우주만유의 본체와 현상을 함께 이르는 말이다. 우주만유에서 보이는 것이나 보이지 않는 것이나 하나도 빠뜨리지 않고 모두 다 포함하므로 무한히 넓고 무한히 크고 끝이 없고 제한이 없고 영원하다.

보살이 법을 보시하는 선근을 닦아 회향하는 일도 법계와 같아서 지혜를 얻음이 한량이 없고, 모든 부처님을 친견

함이 끝이 없고, 세계에 나아감이 제한이 없고, 일체 세계에서 보살의 행을 닦음이 끝이 없고, 일체 지혜에 머물러서 영원히 단절함이 없기를 원함을 밝혔다.

소위여법계무량　선근회향　역부여시
所謂如法界無量하야 **善根廻向**도 **亦復如是**하야

소득지혜　종무유량
所得智慧가 **終無有量**하며

"이른바 '법계가 한량이 없는 것처럼 선근의 회향도 또한 그와 같아서 얻는 지혜가 한량이 없어지이다.'라고 하느니라."

여법계무변　선근회향　역부여시　견
如法界無邊하야 **善根廻向**도 **亦復如是**하야 **見**

일체불　무유기변
一切佛이 **無有其邊**하며

"'법계가 끝없는 것처럼 선근의 회향도 또한 그와 같아서 일체 부처님을 친견함이 끝없어지이다.'라고 하느

니라."

여법계무한 선근회향 역부여시 예
如法界無限하야 善根廻向도 亦復如是하야 詣

제불찰 무유제한
諸佛刹이 無有齊限하며

"'법계가 제한이 없는 것처럼 선근의 회향도 또한 그와 같아서 모든 부처님의 세계에 나아감이 제한齊限이 없어지이다.' 라고 하느니라."

여법계무제 선근회향 역부여시 어
如法界無際하야 善根廻向도 亦復如是하야 於

일체세계 수보살행 무유애제
一切世界에 修菩薩行이 無有涯際하며

"'법계가 끝이 없는 것처럼 선근의 회향도 또한 그와 같아서 일체 세계에서 보살의 행을 닦음이 끝이 없어지이다.' 라고 하느니라."

여법계무단　선근회향　역부여시　주
如法界無斷하야 善根廻向도 亦復如是하야 住

일체지　영부단절
一切智하야 永不斷絶하며

"'법계가 단절함이 없는 것처럼 선근의 회향도 또한 그와 같아서 일체 지혜에 머물러서 영원히 단절함이 없어지이다.' 라고 하느니라."

여법계일성　선근회향　역부여시　여
如法界一性하야 善根廻向도 亦復如是하야 與

일체중생　동일지성
一切衆生으로 同一智性하며

"'법계가 한 성품인 것처럼 선근의 회향도 또한 그와 같아서 일체 중생과 더불어 지혜의 성품이 한결같아지이다.' 라고 하느니라."

여법계자성청정　선근회향　역부여시
如法界自性淸淨하야 善根廻向도 亦復如是하야

영일체중생 구경청정
令一切衆生으로 究竟淸淨하며

"'법계의 성품이 청정한 것처럼 선근의 회향도 또한 그와 같아서 일체 중생으로 하여금 구경까지 청정케 하여지이다.' 라고 하느니라."

여법계수순 선근회향 역부여시 영
如法界隨順하야 善根廻向도 亦復如是하야 令
일체중생 실개수순보현행원
一切衆生으로 悉皆隨順普賢行願하며

"'법계가 따라 순종하는 것처럼 선근의 회향도 또한 그와 같아서 일체 중생으로 하여금 모두 보현普賢의 행行과 원願을 따르게 하여지이다.' 라고 하느니라."

여법계장엄 선근회향 역부여시 영
如法界莊嚴하야 善根廻向도 亦復如是하야 令
일체중생 이보현행 이위장엄
一切衆生으로 以普賢行으로 而爲莊嚴하며

"'법계가 장엄한 것처럼 선근의 회향도 또한 그와 같아서 일체 중생으로 하여금 보현의 행으로 장엄케 하여지이다.' 라고 하느니라."

여법계불가실괴　선근회향　역부여시
如法界不可失壞하야 善根廻向도 亦復如是하야

영제보살　영불실괴제청정행
令諸菩薩로 永不失壞諸淸淨行이니라

"'법계가 깨뜨릴 수 없는 것처럼 선근의 회향도 또한 그와 같아서 보살들로 하여금 모든 청정한 행을 영원히 깨뜨리지 말게 하여지이다.' 라고 하느니라."

(7) 부처님을 친견하여 법을 알기를 원하다

불자　보살마하살　부이차선근　여시회향
佛子야 菩薩摩訶薩이 復以此善根으로 如是廻向하나니

"불자들이여, 보살마하살이 다시 이 선근으로 이와 같이 회향하느니라."

보살이 법을 보시하는 선근을 닦아 회향하는 일은 일체 차별 현상과 차별이 없는 본질이 끝나도록 다함이 없이 넓고 크다. 또 무한한 과거에서부터 무한한 미래에 이르도록 역시 다함이 없이 계속된다. 이것이 보살이 선근으로 회향하는 일이다. 선근을 닦아 다시 또 부처님을 친견하고 법을 아는 것으로 회향하는 것을 밝혔다.

소위원이차선근 승사일체제불보살
所謂願以此善根으로 **承事一切諸佛菩薩**하야
개령환희
皆令歡喜하며

"이른바 '원컨대 이 선근으로 일체 모든 부처님과 보살을 받들어 섬겨서 환희케 하여지이다.' 라고 하느니라."

원이차선근 속득취입일체지성
願以此善根으로 速得趣入一切智性하며

"'원컨대 이 선근으로 일체 지혜의 성품에 빨리 들어가지이다.' 라고 하느니라."

원이차선근 변일체처 수일체지
願以此善根으로 徧一切處하야 修一切智하며

"'원컨대 이 선근으로 모든 곳에 두루 하여 일체 지혜를 닦아지이다.' 라고 하느니라."

원이차선근 영일체중생 상득왕근일체제불
願以此善根으로 令一切衆生으로 常得往覲一切諸佛하며

"'원컨대 이 선근으로 일체 중생으로 하여금 항상 여러 부처님 계신 데 가서 문안하게 하여지이다.' 라고 하느니라."

원이차선근 영일체중생 상견제불
願以此善根으로 令一切衆生으로 常見諸佛하야
능작불사
能作佛事하며

"'원컨대 이 선근으로 일체 중생으로 하여금 항상 모든 부처님을 친견하고 불사佛事를 짓게 하여지이다.' 라고 하느니라."

원이차선근 영일체중생 항득견불
願以此善根으로 令一切衆生으로 恒得見佛하야
불어불사 생태만심
不於佛事에 生怠慢心하며

"'원컨대 이 선근으로 일체 중생으로 하여금 항상 부처님을 친견하고 부처님 일에 태만한 마음을 내지 않게 하여지이다.' 라고 하느니라."

원이차선근 영일체중생 상득견불
願以此善根으로 令一切衆生으로 常得見佛하고

심희청정　　무유퇴전
心喜淸淨하야 **無有退轉**하며

"'원컨대 이 선근으로 일체 중생으로 하여금 항상 부처님을 친견하고 마음이 기쁘고 청정하여 퇴전하지 않게 하여지이다.' 라고 하느니라."

원이차선근　　영일체중생　　상득견불
願以此善根으로 **令一切衆生**으로 **常得見佛**하야

심선해료
心善解了하며

"'원컨대 이 선근으로 일체 중생으로 하여금 항상 부처님을 친견하고 마음에 잘 이해하게 하여지이다.' 라고 하느니라."

원이차선근　　영일체중생　　상득견불
願以此善根으로 **令一切衆生**으로 **常得見佛**하야

불생집착
不生執着하며

"'원컨대 이 선근으로 일체 중생으로 하여금 항상 부처님을 친견하고 집착을 내지 않게 하여지이다.' 라고 하느니라."

원이차선근 영일체중생 상득견불
願以此善根으로 **令一切衆生**으로 **常得見佛**하야

요달무애
了達無礙하며

"'원컨대 이 선근으로 일체 중생으로 하여금 항상 부처님을 친견하고 걸림이 없음을 통달하게 하여지이다.' 라고 하느니라."

원이차선근 영일체중생 상득견불
願以此善根으로 **令一切衆生**으로 **常得見佛**하야

성보현행
成普賢行하며

"'원컨대 이 선근으로 일체 중생으로 하여금 항상 부처님을 친견하고 보현의 행을 이루게 하여지이다.' 라고

하느니라."

원이차선근 영일체중생 상견제불
願以此善根으로 令一切衆生으로 常見諸佛이

현재기전 무시잠사
現在其前하야 無時暫捨하며

"'원컨대 이 선근으로 일체 중생으로 하여금 항상 모든 부처님을 친견하고 그 앞에서 잠시도 떠나는 때가 없어지이다.' 라고 하느니라."

원이차선근 영일체중생 상견제불
願以此善根으로 令一切衆生으로 常見諸佛하야

출생보살무량제력
出生菩薩無量諸力하며

"'원컨대 이 선근으로 일체 중생으로 하여금 항상 모든 부처님을 친견하고 보살의 한량없는 힘을 내게 하여지이다.' 라고 하느니라."

원 이 차 선 근　　영 일 체 중 생　　상 견 제 불
願以此善根으로 **令一切衆生**으로 **常見諸佛**하야

어 일 체 법　영 불 망 실
於一切法에 **永不忘失**이니라

"'원컨대 이 선근으로 일체 중생으로 하여금 항상 모든 부처님을 친견하고 모든 법을 영원히 잊지 않게 하여지이다.' 라고 하느니라."

(8) 법계法界를 알기를 원하다

불 자　보 살 마 하 살　우 이 제 선 근　　여 시 회
佛子야 **菩薩摩訶薩**이 **又以諸善根**으로 **如是廻**

향
向하나니

"불자들이여, 보살마하살이 또 모든 선근으로 이와 같이 회향하느니라."

소 위 여 법 계 무 기 성 회 향　여 법 계 근 본 성 회
所謂如法界無起性廻向과 **如法界根本性廻**

향　여법계자체성회향　여법계무의성회향
向과 如法界自體性廻向과 如法界無依性廻向과

여법계무망실성회향
如法界無忘失性廻向과

"이른바 법계의 일어남이 없는 성품과 같이 회향하며, 법계의 근본 성품과 같이 회향하며, 법계의 자체의 성품과 같이 회향하며, 법계의 의지함이 없는 성품과 같이 회향하며, 법계의 잊어버림이 없는 성품과 같이 회향하느니라."

여법계공무성회향　여법계적정성회향
如法界空無性廻向과 如法界寂靜性廻向과

여법계무처소성회향　여법계무천동성회향
如法界無處所性廻向과 如法界無遷動性廻向과

여법계무차별성회향
如法界無差別性廻向이니라

"법계의 공空하여 없는 성품과 같이 회향하며, 법계의 고요한 성품과 같이 회향하며, 법계의 처소가 없는 성품과 같이 회향하며, 법계의 변동이 없는 성품과 같이 회향하며, 법계의 차별이 없는 성품과 같이 회향하느니라."

보살이 법을 보시하는 선근을 닦아 회향하는 일이 법계의 성품과 같이 함을 밝혔다. 법계의 성품은 무수히 많으나 여기에서는 열 가지만 들었다. 법계의 일어남이 없는 성품과 법계의 근본 성품과 법계의 자체 성품 등등이다. 보살마하살이 모든 선근으로 이와 같이 회향한다.

(9) 일체 중생이 법사가 되기를 원하다

불자 보살마하살 부이법시 소유선시
佛子야 **菩薩摩訶薩**이 **復以法施**의 **所有宣示**와

소유개오 급인차기 일체선근 여시회향
所有開悟와 **及因此起**한 **一切善根**으로 **如是廻向**

하나니

"불자들이여, 보살마하살이 다시 법을 보시하는 것으로써 펴서 보이고, 깨우쳐 주고, 또 그것으로 생긴 모든 선근으로 이와 같이 회향하느니라."

보살이 법을 보시하는 선근 공덕을 회향하여 일체 중생이 법사가 되기를 원하는 내용을 밝혔다. 법을 펴서 보이고, 법을 깨닫게 하는 것으로 인하여 생긴 일체 선근을 모두 회향하는 것이다.

소위원일체중생 성보살법사 상위제불
所謂願一切衆生이 **成菩薩法師**하야 **常爲諸佛**
지소호념
之所護念하며

"이른바 '원컨대 일체 중생이 보살법사菩薩法師가 되어 항상 모든 부처님의 호념護念하심이 되어지이다.' 라고 하느니라."

보살법사菩薩法師라 함은 대승불교에서 보살 중심의 불교 활동이 전개되는데 출가인이나 재가인에 관계없이 보살이 법사의 역할을 하기 때문이다. 또 대승불교에서는 보살행을 하는 것으로써 그 근본 취지를 삼는다. 그래서 보살법사라 한다. 실로 가장 바람직한 불교는 보살이 보살행을 하는 보살불교다. 설사 성불을 하였더라도 다시 보살로 중생을 교화하며 살기 때문에 보살법사가 되기를 원하는 것이다. 실로 정상적인 불교가 되려면 세상이 온통 보살로 꽉 차야 한다.

원일체중생 작무상법사 방편안립일체
願一切衆生이 **作無上法師**하야 **方便安立一切**
중생어일체지
衆生於一切智하며

"'원컨대 일체 중생이 가장 높은 법사가 되어 일체 중생을 온갖 지혜에 나란히 있게 하여지이다.' 라고 하느니라."

원일체중생 작무굴법사 일체문난 막
願一切衆生이 **作無屈法師**하야 **一切問難**으로 **莫**
능궁진
能窮盡하며

"'원컨대 일체 중생이 굽히지 않는 법사가 되어 모

든 문난問難에 막힘이 없어지이다.' 라고 하느니라."

참으로 가장 높은 훌륭한 법사가 되려면 어떤 종교 이론이나 어떤 철학 이론이 따지고 질문하더라도 결코 굽히지 않는 지혜와 논리를 갖추고 있기를 원해야 한다.

원 일 체 중 생　작 무 애 법 사　득 일 체 법 무 애
願一切衆生이 **作無礙法師**하야 **得一切法無礙**
광 명
光明하며

"'원컨대 일체 중생이 걸림이 없는 법사가 되어 일체 법에 걸림이 없는 광명을 얻어지이다.' 라고 하느니라."

법사는 법에 걸림이 없어야 한다. 그러므로 법을 전하면서 다른 한편으로 열심히 새로운 이론을 습득하여 일체 법에 걸림이 없는 법의 광명을 발산해야 한다.

원 일 체 중 생　작 지 장 법 사　능 선 교 설 일 체
願一切衆生이 作智藏法師하야 能善巧說一切

불 법
佛法하며

"'원컨대 일체 중생이 지혜의 장[智藏]인 법사가 되어 모든 부처님의 법을 교묘하게 설하여지이다.' 라고 하느니라."

지혜의 장[智藏]은 지혜의 창고다. 모든 중생이 지혜의 창고와 같은 지혜가 가득한 법사가 되어 일체 불법을 교묘하게 잘 설하기를 원한다.

원 일 체 중 생　성 제 여 래 자 재 법 사　선 능 분
願一切衆生이 成諸如來自在法師하야 善能分

별 여 래 지 혜
別如來智慧하며

"'원컨대 일체 중생이 모든 여래의 자재한 법사가 되어 여래의 지혜를 잘 분별하여지이다.' 라고 하느니라."

훌륭한 법사란 여래의 지혜를 잘 분별할 수 있어야 한다는 뜻이다. 얼마나 책임이 무거운가. 그러므로 열심히 정진하면서 법을 설해야 한다. 이 또한 상구보리上求菩提하고 하화중생下化衆生하는 일이다.

원일체중생 작여안법사 설여실법불유
願一切衆生이 **作如眼法師**하야 **說如實法不由**
타교
他敎하며

"'원컨대 일체 중생이 밝은 눈과 같은[如眼] 법사가 되어 실상과 같은 법을 말하되 다른 이의 가르침을 말미암지 않게 하여지이다.' 라고 하느니라."

밝은 눈과 같은[如眼] 법사란 단순하게 보거나 듣거나 하는 것이 아니라 진리를 증득한 눈을 가진 법사를 뜻한다.

원일체중생 작억지일체불법법사 여리
願一切衆生이 **作憶持一切佛法法師**하야 **如理**

연설　불위구의
演說하야 不違句義하며

"'원컨대 일체 중생이 모든 불법佛法을 기억하여 가지는 법사가 되어 이치대로 연설하되 구절과 뜻을 어기지 않게 하여지이다.' 라고 하느니라."

일체 중생이 모든 여래의 자재한 법사와 밝은 눈과 같은[如眼] 법사와 모든 불법을 기억하여 가지는 법사가 되기를 원한다.

원일체중생　작수행무상도법사　이제묘
願一切衆生이 作修行無相道法師하야 以諸妙

상　이자장엄　방무량광　선입제법
相으로 而自莊嚴하고 放無量光하야 善入諸法하며

"'원컨대 일체 중생이 형상이 없는 도道를 수행하는 법사가 되어 여러 가지 묘한 모습으로 스스로 장엄하고 한량없는 광명을 놓아 모든 법에 잘 들어가지이다.' 라고 하느니라."

법사는 상이 없어야 여러 가지 아름다운 상호로써 스스로를 장엄할 수 있다. 상이 없는 사람은 한량없는 광명을 놓는다. 즉 모든 설법에 빛을 발한다.

원일체중생 작대신법사 기신 보변일
願一切衆生이 **作大身法師**하야 **其身**이 **普徧一**

체국토 흥대법운 우제불법
切國土하야 **興大法雲**하야 **雨諸佛法**하며

"'원컨대 일체 중생이 몸이 큰 법사가 되어 그 몸이 모든 국토에 두루 하여 큰 법의 구름을 일으켜 불법의 비를 내려지이다.' 라고 하느니라."

몸이 큰 법사란 정법을 출중하게 설하여 그 이름이 널리 알려진 것을 뜻한다. 사람들의 마음은 경력이 많고 유명하다고 알려진 사람에 대해 선입견을 가지고 점수를 더 주고 법을 듣는다. 몸이 큰 법사가 되어 그 몸이 모든 국토에 두루 하여 큰 법의 구름을 일으켜 불법의 비를 내리는 것이다.

원일체중생 작호법장법사 건무승당
願一切衆生이 作護法藏法師하야 建無勝幢하야

호제불법 영정법해 무소결감
護諸佛法하야 令正法海로 無所缺減하며

"'원컨대 일체 중생이 법장法藏을 보호하는 법사가 되어 이길 이가 없는 깃발을 세우고 모든 불법을 보호하여 바른 법으로 하여금 이지러짐이 없게 하여지이다.' 라고 하느니라."

법장法藏이란 불교의 모든 가르침이다. 문자로 되었거나 다른 어떤 방법으로든 불법을 표현하는 모든 것이 법장이다. 일체 중생이 법사가 되어 진리의 가르침인 이 법장을 잘 보호하여 영원히 전해지기를 원하는 것이다. 정법의 창고인 팔만대장경이 잘 보호되고 다시 현대적인 표현으로 재차 설명되어야 불법을 널리 전할 수 있기 때문이다.

원일체중생 작일체법일법사 득불변재
願一切衆生이 作一切法日法師하야 得佛辯才

교설제법
하야 巧說諸法하며

"'원컨대 일체 중생이 모든 법의 태양[法日]인 법사가 되어 부처님의 변재를 얻어 모든 법을 잘 연설하여지이다.' 라고 하느니라."

법사는 일체 법의 태양이 되어야 한다. 이 얼마나 좋은 표현인가. 일체 중생이 모든 법의 태양인 법사가 되어 부처님의 변재를 얻어서 모든 법을 잘 설명하기를 원한다. 일체 중생은 아니더라도 불법과 인연을 맺은 모든 사람이 모든 법의 태양인 법사가 되어 불법을 전파한다면 세상은 좀 더 살기 좋은 곳으로 변할 것이다.

원일체중생 작묘음방편법사 선설무변
願一切衆生이 作妙音方便法師하야 善說無邊

법계지장
法界之藏하며

"'원컨대 일체 중생이 아름다운 음성의 방편인 법사

가 되어 끝이 없는 법계의 곳집을 잘 설하여지이다.'라고 하느니라."

경전을 강의하다 보면 피로하여 음성이 변하고 기침이 나올 때가 많다. 청중에게 참으로 죄송한 일이다. 그러면서 늘 생각하는 것은 음성이 아름답고 힘이 넘쳐서 듣는 사람에게 음성만으로도 즐거움을 줄 수 있었으면 하는 것이다. 그래서 일체 중생이 아름다운 음성의 방편인 법사가 되어 끝이 없는 법계의 곳집을 잘 설하기를 원한다.

원일체중생 작도법피안법사 이지신통
願一切衆生이 作到法彼岸法師하야 以智神通

개정법장
으로 開正法藏하며

"'원컨대 일체 중생이 법의 저 언덕에 이른 법사가 되어 지혜의 신통으로 정법의 창고를 열어지이다.'라고 하느니라."

법의 저 언덕에 이른 법사란 법을 통달한 법사를 말한다. 부처님의 진실한 뜻이 어디에 있는가를 깨닫고, 존재의 실상을 명백하게 깨달아 법을 설해야 하기 때문이다.

원일체중생　작안주정법법사　연설여래
願一切衆生이 **作安住正法法師**하야 **演說如來**

구경지혜
究竟智慧하며

"'원컨대 일체 중생이 바른 법에 편안히 머무는 법사가 되어 여래의 구경究竟의 지혜를 연설하여지이다.' 라고 하느니라."

정법에 머물지 않고서야 어떻게 불법을 설할 수 있겠는가. 혹 부처님의 바른 법을 알지 못하고 자신의 단순한 소견만으로 불법이라고 설하는 사람도 있기 때문에 이런 원을 설하는 것이다.

원일체중생 작요달제법법사 능설무량
願一切衆生이 作了達諸法法師하야 能說無量

무진공덕
無盡功德하며

"'원컨대 일체 중생이 모든 법을 통달한 법사가 되어 무량하고 무진한 공덕을 능히 설하여지이다.' 라고 하느니라."

모든 법을 통달하면 그 공덕은 저절로 무량하고 무진할 것이다. 부처님께서 그토록 공덕이 무량하고 무진한 것은 모든 법을 통달하여 그것을 일체 중생에게 널리 전파하였기 때문이다. 바른 법을 전하는 것보다 공덕이 더 많은 일은 없을 것이다.

원일체중생 작불광세간법사 능이방편
願一切衆生이 作不誑世間法師하야 能以方便

영입실제
으로 令入實際하며

"'원컨대 일체 중생이 세간을 속이지 않는 법사가 되어 능히 방편으로써 실제에 들어가게 하여지이다.' 라고 하느니라."

간혹 법사라고 하면서 세상 사람들을 속여 경제적인 이득을 챙기려는 사람이 있다. 혹세무민하는 사람들을 경계하는 것이다. 법사는 반성하고 또 반성해야 한다. 법사는 오로지 사람들을 바른 법으로 인도해야 할 것이다.

원일체중생 작파제마중법사 선능각지
願一切衆生이 **作破諸魔衆法師**하야 **善能覺知**

일체마업
一切魔業하며

"'원컨대 일체 중생이 모든 마군을 깨뜨리는 법사가 되어 모든 마군의 업을 능히 잘 깨달아지이다.' 라고 하느니라."

불법이라는 간판을 걸고 삿된 법을 설하는 경우도 적지

않다. 삿된 법과 마군의 법과 정법이 아닌 이론들을 반드시 깨뜨려 세상에 진리의 깃발이 휘날리게 해야 한다.

원 일 체 중 생　작 제 불 소 섭 수 법 사　이 아 아
願一切衆生이 **作諸佛所攝受法師**하야 **離我我**
소 섭 수 지 심
所攝受之心하며

"'원컨대 일체 중생이 모든 부처님이 거두어 주시는 법사가 되어 나와 나의 것에 섭수되는 마음을 여의어지이다.'라고 하느니라."

불법을 이해하는 요체는 첫째 나와 나의 것이라는 관념에서 벗어나는 것이다. 세상에 무엇이 나며 또한 무엇이 나의 것인가.

원 일 체 중 생　작 안 은 일 체 세 간 법 사　성 취
願一切衆生이 **作安隱一切世間法師**하야 **成就**

보 살 설 법 원 력
菩薩說法願力이니라

"'원컨대 일체 중생이 모든 세간을 편안케 하는 법사가 되어 보살의 설법하는 원력을 성취하여지이다.'라고 하느니라."

불법은 바른 이치로 세상 사람들을 편안하게 하고, 행복하게 하고, 이롭게 하고, 즐겁게 하고, 도움이 되게 하는 것이다. 천만 번 견성성불을 한들 세상 사람들을 돕지 못한다면 그것을 어디에 쓸 것인가. 실로 불교란 무엇으로든 세상에 보탬이 되고자 하는 것이다.

이 시대에 살아 있는 관음보살이라고 칭송받는 대만의 증엄證嚴스님도 세계적인 봉사단체인 자제공덕회를 만들기 전에 사찰을 찾아온 수녀들과 진리에 관해 토론하다가 이론에 밀린 수녀들이 절을 나가면서 던진 한마디에 충격을 받아 봉사하는 마음을 더욱 굳게 가지게 되었다는 이야기가 전한다. 그들이 떠나면서 던진 한마디는 "그렇게 훌륭한 이론을 가지고 세상에 어떤 보탬이 되었습니까?"라는 것이었다고 한다.

다시 한 번 생각한다. "원컨대 일체 중생이 모든 세간을 편안케 하는 법사가 되어 보살의 설법하는 원력을 성취하여지이다." 일체 중생이 모두 이와 같은 법사가 되기를 원한다.

(10) 집착하지 않는 회향을 밝히다

불자 보살마하살 부이제선근 여시회향
佛子야 菩薩摩訶薩이 復以諸善根으로 如是迴向하나니

"불자들이여, 보살마하살이 다시 모든 선근으로 이와 같이 회향하느니라."

앞의 제31권에는 집착도 없고 속박도 없이 해탈한 회향이 있었다. 여기에서는 다시 모든 선근으로 회향할 때 무엇에 집착해서 회향하는 것이 아님을 밝혔다. 업이나 과보나 마음이나 법이나 어떤 일에 집착해서 회향하는 것이 아니라고 하였다. 그렇다. 일체 선근을 닦아서 무엇에 집착해서 회향하겠는가. 선근 회향에 집착이란 있을 수 없다.

소위불이취착업고 회향 불이취착보고
所謂不以取着業故로 廻向하며 不以取着報故로

회향 불이취착심고 회향 불이취착법고
廻向하며 不以取着心故로 廻向하며 不以取着法故로

회향 불이취착사고 회향
廻向하며 不以取着事故로 廻向하며

"이른바 업業에 집착해서 회향함이 아니며, 과보에 집착해서 회향함이 아니며, 마음에 집착해서 회향함이 아니며, 법에 집착해서 회향함이 아니며, 일에 집착해서 회향함이 아니니라."

불이취착인고 회향 불이취착어언음성
不以取着因故로 廻向하며 不以取着語言音聲

고 회향 불이취착명구문신고 회향 불
故로 廻向하며 不以取着名句文身故로 廻向하며 不

이취착회향고 회향 불이취착이익중생고
以取着廻向故로 廻向하며 不以取着利益衆生故로

회향
廻向이니라

"인因에 집착해서 회향함이 아니며, 말과 음성에 집착해서 회향함이 아니며, 명사名辭와 구절과 글자에 집착해서 회향함이 아니며, 회향에 집착해서 회향함이 아니며, 중생을 이익하게 하는 데 집착해서 회향함이 아니니라."

(11) 허물을 떠나고 덕을 이루는 회향

1〉 허물을 떠나다

불자 보살마하살 부이선근 여시회향
佛子야 菩薩摩訶薩이 復以善根으로 如是廻向하나니

"불자들이여, 보살마하살이 다시 선근으로 이와 같이 회향하느니라."

보살이 선근을 닦아 회향할 때에 일체 허물을 떠나게 되고, 허물을 떠나면 덕을 성취하게 된다. 이와 같은 이치를 밝혔다. 먼저 허물을 떠남에 대한 내용이다.

소위불위탐착색경계고 회향 불위탐착
所謂不爲耽着色境界故로 **廻向**하며 **不爲耽着**

성향미촉법경계고 회향 불위구생천고
聲香味觸法境界故로 **廻向**하며 **不爲求生天故**로

회향 불위구욕락고 회향
廻向하며 **不爲求欲樂故**로 **廻向**하며

"이른바 색의 경계를 탐착해서 회향함이 아니며, 소리·향기·맛·감촉·법진法塵의 경계를 탐착해서 회향함이 아니며, 하늘에 태어나기를 구하여 회향함이 아니며, 욕락을 구해서 회향함이 아니니라."

보살이 선근을 닦아 회향할 때에 무엇에 탐착하여 회향하는 것이 아니다. 그것은 당연한 이치지만 다시 반복해서 각인시키는 것이다.

불위착욕경계고 회향 불위구권속고
不爲着欲境界故로 廻向하며 不爲求眷屬故로

회향 불위구자재고 회향 불위구생사락
廻向하며 不爲求自在故로 廻向하며 不爲求生死樂

고 회향 불위착생사고 회향
故로 廻向하며 不爲着生死故로 廻向하며

"욕심의 경계를 집착해서 회향함이 아니며, 권속을 구해서 회향함이 아니며, 자재함을 구해서 회향함이 아니며, 생사의 즐거움을 구해서 회향함이 아니며, 생사에 집착해서 회향함이 아니니라."

불위락제유고 회향 불위구화합락고
不爲樂諸有故로 廻向하며 不爲求和合樂故로

회향 불위구가락착처고 회향 불위회독
廻向하며 不爲求可樂着處故로 廻向하며 不爲懷毒

해심고 회향
害心故로 廻向하며

"모든 유有를 즐겨서 회향함이 아니며, 화합의 즐거움을 구해서 회향함이 아니며, 즐겨할 만한 곳을 구해서 회향함이 아니며, 독해毒害하려는 마음을 품고서 회향함이 아니니라."

불괴선근고 회향 불의삼계고 회향
不壞善根故로 廻向하며 不依三界故로 廻向하며

불착제선해탈삼매고 회향 부주성문벽지
不着諸禪解脫三昧故로 廻向하며 不住聲聞辟支

불승고 회향
佛乘故로 廻向하니라

"선근을 파괴하려고 회향함이 아니며, 삼계에 의지하려고 회향함이 아니며, 선정, 해탈, 삼매를 집착해서 회향함이 아니며, 성문이나 벽지불을 구하려고 회향함이 아니니라."

보살이 선근을 닦아서 회향할 때에 무엇을 바라거나 구하거나 얻으려고 회향하는 것이 아니다. 오로지 보다 많은 중생들의 이익과 행복을 위해서 선근을 다시 회향하는 것이다. 보살행도 바라지 않거든 하물며 성문이나 연각이겠는가.

2〉 덕德을 이루다

단위교화조복일체중생고 회향 단위성
但爲敎化調伏一切衆生故로 **廻向**하며 **但爲成**

만일체지지고 회향 단위득무애지고 회
滿一切智智故로 **廻向**하며 **但爲得無礙智故**로 **廻**

향 단위득무장애청정선근고 회향
向하며 **但爲得無障礙淸淨善根故**로 **廻向**하며

"다만 일체 중생을 교화하고 조복하려고 회향하며, 다만 일체 지혜의 지혜를 만족하려고 회향하며, 다만 걸림 없는 지혜를 얻으려고 회향하며, 다만 장애가 없고 청정한 선근을 얻으려고 회향하느니라."

앞에서는 허물을 떠남을 밝혔고, 여기에서는 덕을 이룸을 밝혔다. 일체 중생을 교화하고 조복하고, 일체 지혜의 지혜를 만족하고, 걸림 없는 지혜를 얻고, 장애가 없고 청정한 선근을 얻으려고 회향하는 것임을 밝혔다.

단위령일체중생 초출생사 증대지혜
但爲令一切衆生으로 **超出生死**하야 **證大智慧**

고 회향 단위령대보리심 여금강불가괴
故로 廻向하며 但爲令大菩提心으로 如金剛不可壞

고 회향 단위성취구경불사법고 회향
故로 廻向하며 但爲成就究竟不死法故로 廻向하며

"다만 일체 중생으로 하여금 생사에서 뛰어나서 큰 지혜를 증득케 하려고 회향하며, 다만 큰 보리심이 금강과 같아서 깨뜨릴 수 없게 하려고 회향하며, 다만 구경까지 죽지 않는 법을 성취하려고 회향하느니라."

단위이무량장엄 장엄불종성 시현일
但爲以無量莊嚴으로 莊嚴佛種性하야 示現一

체지자재고 회향 단위구보살일체법명대
切智自在故로 廻向하며 但爲求菩薩一切法明大

신통지고 회향
神通智故로 廻向하며

"다만 한량없는 장엄거리로 부처님의 종성種性을 장엄하여 온갖 지혜의 자재함을 나타내려고 회향하며, 다만 보살의 일체 법에 밝은 큰 신통과 지혜를 구하려고 회향하느니라."

단위어진법계허공계일체불찰 행보현행
但爲於盡法界虛空界一切佛刹에 行普賢行하야

원만불퇴 피견고대원개 영일체중생
圓滿不退하야 被堅固大願鎧하고 令一切衆生으로

주보현지고 회향
住普賢地故로 廻向하며

"다만 온갖 법계, 허공계의 일체 세계에서 보현의 행을 행하여 원만하여 물러가지 않고, 견고한 큰 서원의 갑옷을 입고, 모든 중생으로 하여금 보현의 지위에 머물게 하려고 회향하느니라."

단위진미래겁 도탈중생 상무휴식
但爲盡未來劫토록 度脫衆生호대 常無休息하야

시현일체지지무애광명 항부단고 회향
示現一切智地無礙光明하야 恒不斷故로 廻向이니라

"다만 오는 세월이 끝나도록 중생을 제도하여 쉬지 아니하면서 일체 지혜의 지위에서 걸림 없는 광명을 나타내어 항상 끊어지지 않게 하려고 회향하느니라."

보살이 선근을 닦아 회향하는 덕德을 널리 밝혔다. 궁극에는 다만 오는 세월이 끝나도록 중생을 제도하여 쉬지 아니하면서 일체 지혜의 지위에서 걸림 없는 광명을 나타내어 항상 끊어지지 않게 하려고 회향하는 것이다.

(12) 회향하는 뜻

1〉 실제實際에 회향하다

불자 보살마하살 이피선근회향시 이여
佛子야 **菩薩摩訶薩**이 **以彼善根廻向時**에 **以如**

시심회향
是心廻向하나니

"불자들이여, 보살마하살이 이 선근으로 회향할 때에 이와 같은 마음으로 회향하느니라."

다시 또 실제에 회향하고, 중생에게 회향하고, 보리에 회향하는 설법이다. 이것이 회향삼처廻向三處다. 먼저 실제에 회향하는 내용을 밝혔다. 실제란 진여법성眞如法性을 뜻한다. 곧 진리다. 이는 온갖 법의 끝이 되는 곳이므로 실제라 하고,

또는 진여의 실리實理를 증득하여 그 궁극窮極에 이르므로 실제라 부른다. 보살이 선근을 닦아 이 실제에 회향하는 내용이다.

소위이본성평등심회향　이법성평등심회
所謂以本性平等心廻向하며 以法性平等心廻
향　이일체중생무량평등심회향　이무쟁
向하며 以一切衆生無量平等心廻向하며 以無諍
평등심회향　이자성무소기평등심회향
平等心廻向하며 以自性無所起平等心廻向하며

"이른바 본성품이 평등한 마음으로 회향하며, 법의 성품이 평등한 마음으로 회향하며, 일체 중생의 한량없이 평등한 마음으로 회향하며, 다툼이 없는 평등한 마음으로 회향하며, 자성이 일어남이 없이 평등한 마음으로 회향하느니라."

본성품이 평등한 마음이나 법의 성품이 평등한 마음이나 일체 중생의 한량없이 평등한 마음이나 다툼이 없는 평등한 마음이나 자성이 일어남이 없이 평등한 마음 등이 모두 실제를 가리킨다.

이지제법무란심회향 이입삼세평등심회
以知諸法無亂心廻向하며 **以入三世平等心廻**
향 이출생삼세제불종성심회향 이득불
向하며 **以出生三世諸佛種性心廻向**하며 **以得不**
퇴실신통심회향 이생성일체지행심회향
退失神通心廻向하며 **以生成一切智行心廻向**하니라

"모든 법이 잡란함이 없음을 아는 마음으로 회향하며, 삼세가 평등한 데 들어가는 마음으로 회향하며, 삼세 모든 부처님의 종성種性을 내는 마음으로 회향하며, 물러나지 않는 신통을 얻는 마음으로 회향하며, 일체 지혜의 행을 이루는 마음으로 회향하느니라."

실제로서의 마음에 여러 가지 속성이 있음을 나타내었는데 이 마음은 진여의 마음이며, 참마음이며, 차별 없는 참사람이며, 참나이다. 이 실제의 마음은 부유만덕富有萬德으로서

온갖 만행만덕과 뛰어난 속성들이 본래로 갖추어져 있다. 이러한 실제의 마음으로 회향하는 것이다.

2) 중생에게 회향하다

우위령일체중생　영리일체지옥고　회향
又爲令一切衆生으로 永離一切地獄故로 廻向

　위령일체중생　불입축생취고　회향
하며 爲令一切衆生으로 不入畜生趣故로 廻向하며

위령일체중생　불왕염라왕처고　회향
爲令一切衆生으로 不往閻羅王處故로 廻向하며

"또 일체 중생으로 하여금 모든 지옥을 아주 여의게 하려고 회향하며, 일체 중생으로 하여금 축생의 갈래에 들어가지 않게 하려고 회향하며, 일체 중생으로 하여금 염라대왕의 처소에 가지 않게 하려고 회향하느니라."

다음은 보살이 법을 보시하는 선근을 닦아 중생에게 회향하는 내용이다. 일체 중생으로 하여금 모든 지옥을 아주 여의고, 축생의 갈래에 들어가지 않고, 염라대왕의 처소에 가지 않게 하려는 것 등으로 회향한다.

위령일체중생 제멸일체장도법고 회향
爲令一切衆生으로 除滅一切障道法故로 廻向

위령일체중생 만족일체선근고 회향
하며 爲令一切衆生으로 滿足一切善根故로 廻向하며

위령일체중생 능응시전법륜 영일체환
爲令一切衆生으로 能應時轉法輪하야 令一切歡

희고 회향
喜故로 廻向하며

"일체 중생으로 하여금 도道를 장애하는 모든 법을 멸하게 하려고 회향하며, 일체 중생으로 하여금 모든 선근을 만족케 하려고 회향하며, 일체 중생으로 하여금 때를 따라 법륜法倫을 굴리어 모든 이를 환희케 하려고 회향하느니라."

위령일체중생 입십력륜고 회향 위
爲令一切衆生으로 入十力輪故로 廻向하며 爲

령일체중생　　만족보살무변청정법원고　회
令一切衆生으로 滿足菩薩無邊清淨法願故로 廻

향　위령일체중생　　수순일체선지식교
向하며 爲令一切衆生으로 隨順一切善知識教하야

보리심기　득만족고　회향
菩提心器가 得滿足故로 廻向하며

"일체 중생으로 하여금 십력十力의 바퀴에 들어가게 하려고 회향하며, 일체 중생으로 하여금 보살의 그지없이 청정한 법에 대한 소원을 만족케 하려고 회향하며, 일체 중생으로 하여금 모든 선지식의 가르침을 따라 보리심의 그릇을 만족케 하기 위하여 회향하느니라."

위령일체중생　　수지수행심심불법　　득
爲令一切衆生으로 受持修行甚深佛法하야 得

일체불지광명고　회향　　위령일체중생　　수
一切佛智光明故로 廻向하며 爲令一切衆生으로 修

제보살무장애행　　상현전고　회향　　위령
諸菩薩無障礙行하야 常現前故로 廻向하며 爲令

일체중생　상견제불　현기전고　회향
一切衆生으로 常見諸佛이 現其前故로 廻向하며

"일체 중생으로 하여금 깊은 불법을 받아 수행하여 모든 부처님의 지혜광명을 얻게 하려고 회향하며, 일체 중생으로 하여금 보살의 걸림이 없는 행行을 닦아서 항상 앞에 나타나게 하려고 회향하며, 일체 중생으로 하여금 모든 부처님이 그 앞에 나타남을 항상 보게 하려고 회향하느니라."

위령일체중생　청정법광명　상현전고
爲令一切衆生으로 清淨法光明이 常現前故로

회향　위령일체중생　무외대보리심　상현
廻向하며 爲令一切衆生으로 無畏大菩提心이 常現

전고　회향　위령일체중생　보살부사의
前故로 廻向하며 爲令一切衆生으로 菩薩不思議

지　상현전고　회향
智가 常現前故로 廻向하며

"일체 중생으로 하여금 청정한 법의 광명이 항상 앞에 나타나게 하려고 회향하며, 일체 중생으로 하여금 두려움이 없는 큰 보리심菩提心이 항상 앞에 나타나게 하려고 회향하며, 일체 중생으로 하여금 보살의 부사의한 지혜가 항상 앞에 나타나게 하려고 회향하느니라."

위령일체중생　　보구호중생　　영청정대
爲令一切衆生으로 普救護衆生하야 令淸淨大
비심상현전고　회향　위령일체중생　　이
悲心常現前故로 廻向하며 爲令一切衆生으로 以
불가설불가설승묘장엄구　장엄일체제불찰
不可說不可說勝妙莊嚴具로 莊嚴一切諸佛刹
고　회향　위령일체중생　　최멸일체중마
故로 廻向하며 爲令一切衆生으로 摧滅一切衆魔
투쟁나망업고　회향
鬪諍羅網業故로 廻向하며

"일체 중생으로 하여금 중생을 널리 구호하여 청정케 하려는 대비심大悲心이 항상 앞에 나타나게 하려고 회향하며, 일체 중생으로 하여금 말할 수 없이 말할 수 없는 훌륭한 장엄거리로 모든 부처님의 세계를 장엄하게 하려고 회향하며, 일체 중생으로 하여금 모든 마군의 싸우는 그물의 업을 파멸하게 하려고 회향하느니라."

위령일체중생 어일체불찰 개무소의
爲令一切衆生으로 於一切佛刹에 皆無所依하야

수보살행고 회향 위령일체중생 발일
修菩薩行故로 廻向하며 爲令一切衆生으로 發一

체종지심 입일체불법광대문고 회향
切種智心하야 入一切佛法廣大門故로 廻向이니라

"일체 중생으로 하여금 모든 부처님의 세계에서 의지한 데 없이 보살행을 닦게 하려고 회향하며, 일체 중생으로 하여금 일체 갖가지 지혜의 마음을 내어 모든 부처님 법의 광대한 문에 들어가게 하려고 회향하느니라."

진리[實際]에 회향하고 중생에게 회향하고 보리에 회향하는 것이 세 곳에 회향하는 것이다. 그중에서 중생에게 회향하는 것이 불법의 근본 목적이다. 진리와 보리도 실은 중생을 위해 존재한다. 그래서 중생에게 회향하는 내용이 더욱

자세하다. 보살의 중생을 위해서 하고자 하는 것이 모두 표현되어 있다.

3〉 보리에 회향하다

불자 보살마하살 우이차선근 정념청
佛子야 **菩薩摩訶薩**이 **又以此善根**으로 **正念清**
정회향 지혜결정회향 진지일체불법방
淨廻向하며 **智慧決定廻向**하며 **盡知一切佛法方**
편회향 위성취무량무애지고 회향 위
便廻向하며 **爲成就無量無礙智故**로 **廻向**하며 **爲**
욕만족청정수승심고 회향
欲滿足清淨殊勝心故로 **廻向**하며

"불자들이여, 보살마하살이 또한 이 선근으로써 바른 생각이 청정하려고 회향하며, 지혜를 견고히[決定] 하려고 회향하며, 일체 불법佛法의 방편을 다 알려고 회향하며, 한량없고 걸림이 없는 지혜를 성취하려고 회향하며, 청정하고 수승한 마음을 만족하려고 회향하느니라."

보살이 법을 보시하는 선근을 닦아 보리에 회향한다는

것은 진여자성을 알고 나면 진여자성 안에 본래 갖추고 있는 바른 생각과 견고한 지혜와 일체 불법과 한량없고 걸림이 없는 지혜와 청정하고 수승한 마음을 드러내게 되는 것을 말한다.

위일체중생 주대자고 회향 위일체
爲一切衆生하야 **住大慈故**로 **廻向**하며 **爲一切**
중생 주대비고 회향 위일체중생 주
衆生하야 **住大悲故**로 **廻向**하며 **爲一切衆生**하야 **住**
대희고 회향 위일체중생 주대사고 회
大喜故로 **廻向**하며 **爲一切衆生**하야 **住大捨故**로 **廻**
향
向하며

"일체 중생이 크게 인자함에 머물게 하려고 회향하며, 일체 중생이 크게 불쌍히 여김에 머물게 하려고 회향하며, 일체 중생이 크게 기뻐함에 머물게 하려고 회향하며, 일체 중생이 크게 버리는 데[평정심] 머물게 하려고 회향하느니라."

보살이 법을 보시하는 선근으로 보리에 회향하면 진여자성 안에 본래로 갖추고 있는 사무량심四無量心이 저절로 드러나게 된다. 사무량심을 부연하면 사람을 사랑하는 마음과 안타까운 모습을 보고 불쌍히 여기는 마음과 다른 이의 기쁨을 함께 기뻐하는 마음과 온갖 감정에 평정심을 유지하는 마음이다. 이러한 마음도 사람들의 참마음, 참사람, 참나 속에는 저절로 갖춰져 있는 것이다.

위영리이착 주승선근고 회향 위사
爲永離二着하야 **住勝善根故**로 **廻向**하며 **爲思**

유관찰분별연설일체연기법고 회향 위립
惟觀察分別演說一切緣起法故로 **廻向**하며 **爲立**

대용맹당심고 회향
大勇猛幢心故로 **廻向**하며

"두 가지 집착을 아주 여의고 훌륭한 선근에 머물게 하려고 회향하며, 모든 인연으로 생기는 법을 생각하고 관찰하고 분별하여 연설하려고 회향하며, 크게 용맹한 깃발의 마음을 세우기 위하여 회향하느니라."

두 가지 집착이란 수많은 집착 중에 기본이 되는 아我에 대한 집착과 법法에 대한 집착이다. 수승한 선근에 머무르려면 그 두 가지 집착을 영원히 떠나야 한다. 또 일체 존재가 인연으로 생기는 법임을 생각하고 관찰하고 분별하여 연설하는 것은 매우 중요하다. 불법의 근본이 되기 때문이다. 역시 진여자성에는 아집도 법집도 본래 없으며, 연기의 이치를 아는 것도 본래 갖춰져 있다.

위립무능승당장고 회향 위파제마중고
爲立無能勝幢藏故로 **廻向**하며 **爲破諸魔衆故**로

회향 위득일체법청정무애심고 회향
廻向하며 **爲得一切法淸淨無礙心故**로 **廻向**하야

"이길 이 없는 깃발의 장藏을 세우려고 회향하며, 모든 마군의 무리를 깨뜨리려고 회향하며, 일체 법에 청정하고 걸림이 없는 마음을 얻으려고 회향하느니라."

진여자성을 깨달아 법보시의 선근을 닦아 회향하는 보살에게는 어느 누구도 이길 수 없으며, 모든 마군이 가까이할

수 없으며, 청정하고 걸림이 없는 마음이 항상 드러나 있다.

위수일체보살행　불퇴전고　회향　위
爲修一切菩薩行하야 不退轉故로 廻向하며 爲
득락구제일승법심고　회향　위득락구제공
得樂求第一勝法心故로 廻向하며 爲得樂求諸功
덕법　자재청정　일체지지심고　회향
德法의 自在淸淨한 一切智智心故로 廻向하며

"모든 보살의 행을 닦아 퇴전치 않으려고 회향하며, 제일 훌륭한 법을 즐겨 구하는 마음을 얻으려고 회향하며, 모든 공덕의 법에 자재하고 청정한 온갖 지혜의 지혜를 즐겨 구하는 마음을 얻으려고 회향하느니라."

위만일체원　제일체쟁　득불자재무애
爲滿一切願하고 除一切諍하야 得佛自在無礙
청정법　위일체중생　전불퇴법륜고　회
淸淨法하고 爲一切衆生하야 轉不退法輪故로 廻

향
向하며

"일체 소원을 만족하며 일체 투쟁을 없애고 부처님의 자재하고 걸림 없는 청정한 법을 얻어 일체 중생을 위하여 물러나지 않는 법륜法輪을 굴리려고 회향하느니라."

위득여래최상수승법지혜일 백천광명지
爲得如來最上殊勝法智慧日하야 百千光明之
소장엄 보조일체법계중생고 회향
所莊嚴으로 普照一切法界衆生故로 廻向하며

"여래의 최상인 수승한 법과 지혜의 태양을 얻어서 백천 광명의 장엄으로 일체 법계의 중생을 널리 비추려고 회향하느니라."

위욕조복일체중생 수기소락 상령만
爲欲調伏一切衆生하야 隨其所樂하야 常令滿

족 불사본원 진미래제 청문정법 수
足호대 不捨本願하야 盡未來際토록 聽聞正法하고 修

습대행 득정지혜이구광명 단제일체교
習大行하야 得淨智慧離垢光明하야 斷除一切憍

만 소멸일체번뇌 열애욕망 파우치암
慢하고 消滅一切煩惱하며 裂愛欲網하고 破愚癡闇

구족무구무장애법고 회향
하야 具足無垢無障礙法故로 廻向하며

"일체 중생을 조복하고 그 즐기는 것을 따라 항상 만족케 하며, 본래의 소원을 버리지 않고 오는 세월이 끝나도록 바른 법을 듣고 큰 행을 닦으며, 깨끗한 지혜의 때를 여읜 광명을 얻어 일체 교만을 끊고 일체 번뇌를 소멸하며, 애욕의 그물을 찢고 어리석음의 어둠을 깨뜨리며, 때가 없고 장애가 없는 법을 구족하려고 회향하느니라."

위일체중생 어아승지겁 상근수습일체
爲一切衆生하야 於阿僧祇劫에 常勤修習一切

지행 무유퇴전 일일영득무애묘혜 시
智行하야 無有退轉하야 一一令得無礙妙慧하고 示

현제불자재신통 무유휴식고 회향
現諸佛自在神通하야 無有休息故로 廻向이니라

"일체 중생이 아승지겁 동안에 일체 지혜의 행을 항상 부지런히 닦아서 퇴전하지 아니하며, 낱낱이 걸림 없는 묘한 지혜를 얻고, 부처님의 자재한 신통을 나타내어 쉬는 일이 없게 하려고 회향하느니라."

법을 보시하는 선근으로 보리, 즉 깨달음에 회향하는 내용을 설하였다. 모두가 일체 중생을 위하는 일이다. 일체 중생이 인간이 이르러 갈 수 있는 궁극의 경지에 조금도 부족함이 없도록 하기 위하여 회향하는 것이다. 그리고 그 내용은 모두가 본래로 갖춘 깨달음[보리] 속에 이미 있는 것을 드러내는 일이다.

4〉 허물 떠남을 밝히다

불자 보살마하살 이제선근 여시회향
佛子야 菩薩摩訶薩이 以諸善根으로 如是廻向

시 불응탐착삼유오욕경계
時에 不應貪着三有五欲境界니

"불자들이여, 보살마하살이 모든 선근으로 이와 같이 회향할 때에 응당히 삼유三有와 오욕五欲의 경계를 탐착하지 아니하느니라."

보살이 법을 보시하는 선근을 회향할 때에 응당 욕계를 탐착하거나 색계를 탐착하거나 무색계를 탐착하지 않는다. 또한 눈과 귀와 코와 혀와 몸이 하고사 하는 것[五欲]을 탐착하지 않는다.

하이고 보살마하살 응이무탐선근회향
何以故오 菩薩摩訶薩이 應以無貪善根廻向하며

응이무진선근회향 응이무치선근회향
應以無瞋善根廻向하며 應以無癡善根廻向하며

"무슨 까닭인가. 보살마하살이 응당히 탐욕이 없는 선근으로 회향하며, 응당히 성내는 일이 없는 선근으로 회향하며, 응당히 어리석음이 없는 선근으로 회향하느니라."

응이불해선근회향　　응이이만선근회향
應以不害善根迴向하며 應以離慢善根迴向하며

응이불첨선근회향
應以不諂善根迴向하며

"응당히 해롭게 하지 않는 선근으로 회향하며, 응당히 교만을 떠난 선근으로 회향하며, 응당히 아첨하지 않는 선근으로 회향하느니라."

응이질직선근회향　　응이정근선근회향
應以質直善根迴向하며 應以精勤善根迴向하며

응이수습선근회향
應以修習善根迴向이니라

"응당히 꾸미거나 숨김이 없이 정직한[質直] 선근으로 회향하며, 응당히 정근精勤하는 선근으로 회향하며, 응당히 수행하는 선근으로 회향하느니라."

보살이 법을 보시하여 회향할 때에 삼유와 오욕의 경계에 탐착하지 않는 까닭은 응당 탐·진·치 삼독이 없이 회향하기 때문이다. 또 해롭게 하지 않는 선근과 교만을 떠난 선근과 아첨하지 않는 선근으로 회향하기 때문이다. 꾸미거나 숨김이 없이 정직한 선근과 정근하는 선근과 수행하는 선근으로 회향하기 때문이다.

5〉 이익 이룸을 밝히다

불자 보살마하살 여시회향시 득정신심
佛子야 菩薩摩訶薩이 如是廻向時에 得淨信心

어보살행 환희인수 수습청정대보살
하야 於菩薩行에 歡喜忍受하야 修習淸淨大菩薩

도 구불종성 득불지혜 사일체악 이
道하며 具佛種性하야 得佛智慧하며 捨一切惡하야 離

중마업 친근선우 성기대원 청제중생
衆魔業하며 親近善友하야 成己大願하며 請諸衆生

설대시회
하야 設大施會니라

"불자들이여, 보살마하살이 이와 같이 회향할 때에 깨끗한 신심信心을 얻고 보살의 행을 기쁘게 받아들이며[忍受], 청정하고 큰 보살의 도를 닦아 부처님의 종성種性을 구족하고, 부처님의 지혜를 얻으며, 모든 나쁜 짓을 버리고, 마군의 업을 여의며, 선지식을 친근하여 나의 큰 원을 이루고, 모든 중생들을 청하여 크게 보시하는 법회法會를 베푸느니라."

보살이 법을 보시하여 회향하고 얻는 이익을 밝혔다. 법을 보시하여 회향하면 어떤 이익이 있는가. 청정한 신심을 얻게 되며, 보살의 행을 기쁘게 받아들이게[忍受] 되며, 청정하고 큰 보살의 도를 닦으며, 부처님의 종성種性을 구족하게 되며, 부처님의 지혜를 얻게 되며, 모든 나쁜 짓을 버리게 되며, 마군의 업을 멀리 떠나게 되며, 선지식을 친근하여 나의 큰 원을 이루게 되며, 또한 모든 중생을 청하여 크게 보시하는 법회法會를 베풀게 된다. 이보다 더 좋은 이익이 있을까? 어디 가서 무엇을 해야 이와 같은 이익을 얻을 수 있으랴.

(13) 원만한 음성 얻기를 원하다

불자 보살마하살 부이차법시 소생선근
佛子야 **菩薩摩訶薩**이 **復以此法施**의 **所生善根**

여시회향
으로 如是廻向하나니

"불자들이여, 보살마하살이 다시 이 법을 보시하여 생긴 선근으로써 이와 같이 회향하느니라."

사바세계에서는 음성이 교화의 본체[音聲教體]가 된다. 중생을 교화하고 제도하는 데는 여러 가지의 방편이 있지만 음성으로 설법하는 것이 제일이 된다. 음성을 통해서 법을 설하려면 음성이 좋아야 한다. 원만한 음성 얻기를 원하는 것이 그것이다.

소위영일체중생 득정묘음 득유연음
所謂令一切衆生으로 得淨妙音하며 得柔軟音
득천고음 득무량무수부사의음 득가애
하며 得天鼓音하며 得無量無數不思議音하며 得可愛
락음 득청정음 득주변일체불찰음
樂音하며 得清淨音하며 得周徧一切佛刹音하며

"이른바 일체 중생으로 하여금 깨끗하고 미묘한 음

성을 얻게 하며, 부드러운 음성을 얻게 하며, 하늘 북의 소리를 얻게 하며, 한량없고 수없고 부사의한 음성을 얻게 하며, 사랑스러운 음성을 얻게 하며, 청정한 음성을 얻게 하며, 일체 세계에 두루 하는 음성을 얻게 하려는 것이니라."

사바세계에서 음성으로 법을 설하려면 우선 깨끗하고 미묘한 음성과 부드러운 음성이 있어야 한다. 아무리 훌륭한 내용이라도 그 음성이 듣기 거북하면 감동을 주지 못한다.

젊은 시절에 봄맞이 가곡의 밤 행사에 가 본 적이 있는데 사람들은 별 뜻도 없는 노래를 듣고 감동하여 기립박수를 친다. 왜 그런가. 음성이 좋아서다. 설법을 아무리 잘해도 기립박수 치는 것을 보지 못했다. 설법은 단순한 말에 불과하기 때문이다. 그러므로 설법에서는 가능하면 듣기 좋은 음성이라야 한다.

득백천나유타불가설공덕장엄음 득고원

得百千那由他不可說功德莊嚴音하며 **得高遠**

음 득광대음 득멸일체산란음 득충만
音하며 得廣大音하며 得滅一切散亂音하며 得充滿

법계음 득섭취일체중생어언음
法界音하며 得攝取一切衆生語言音하며

"백천 나유타 말할 수 없는 공덕으로 장엄한 음성을 얻으며, 높고 멀리 퍼지는 음성을 얻으며, 광대한 음성을 얻으며, 모든 산란한 것을 소멸하는 음성을 얻으며, 법계에 가득한 음성을 얻으며, 일체 중생의 말[言]을 포섭하는 음성을 얻게 하려는 것이니라."

공덕으로 장엄한 음성과 높고 멀리 퍼지는 음성과 광대한 음성과 모든 산란한 것을 소멸하는 음성 등을 가지고 있다면 정법과 더불어 금상첨화일 것이다.

득일체중생무변음성지 득일체청정어언
得一切衆生無邊音聲智하며 得一切淸淨語言

음성지 득무량어언음성지 득최자재음
音聲智하며 得無量語言音聲智하며 得最自在音으로

입일체음성지
入一切音聲智하며

"일체 중생의 그지없는 음성을 아는 지혜를 얻으며, 일체 청정한 언어의 음성을 아는 지혜를 얻으며, 한량없는 언어의 음성을 아는 지혜를 얻으며, 가장 자재한 음성으로 일체 음성에 들어가는 지혜를 얻게 하려는 것이니라."

음성을 이야기하다가 지혜를 강조하였다. 좋은 음성으로 좋은 설법을 하려면 반드시 지혜가 뛰어나야 한다.

득일체청정장엄음 득일체세간무염족음
得一切清淨莊嚴音하며 得一切世間無厭足音

득구경불계속일체세간음 득환희음
하며 得究竟不繫屬一切世間音하며 得歡喜音하며

득불청정어언음
得佛清淨語言音하며

"일체 청정하게 장엄한 음성을 얻으며, 일체 세간에

서 싫어함이 없는 음성을 얻으며, 끝까지 일체 세간에 얽매이지 않는 음성을 얻으며, 환희하는 음성을 얻으며, 부처님의 청정한 언어의 음성을 얻게 하려는 것이니라."

득설일체불법 원리치예 명칭보문음
得說一切佛法에 遠離癡翳하야 名稱普聞音하며

득령일체중생 득일체법다라니장엄음
得令一切衆生으로 得一切法陀羅尼莊嚴音하며

득설일체무량종법음
得說一切無量種法音하며

"일체 불법을 설하여 어리석음을 멀리 여의고 이름이 널리 퍼지는 음성을 얻으며, 일체 중생이 일체 법 다라니로 장엄한 음성을 얻으며, 일체 한량없는 종류의 법을 설하는 음성을 얻게 하려는 것이니라."

득보지법계무량중회도량음 득보섭지불
得普至法界無量衆會道場音하며 得普攝持不

가 사 의 법 금 강 구 음　　득 개 시 일 체 법 음　　득
可思議法金剛句音하며 得開示一切法音하며 得

능 설 불 가 설 자 구 차 별 지 장 음　　득 연 설 일 체 법
能說不可說字句差別智藏音하며 得演說一切法

무 소 착 부 단 음
無所着不斷音하며

"법계의 한량없는 대중들이 모인 도량에 널리 이르는 음성을 얻으며, 불가사의한 법을 두루 포섭한 금강金剛 같은 글귀의 음성을 얻으며, 일체 법을 열어 보이는 음성을 얻으며, 말할 수 없는 글귀의 차별을 능히 말하는 지혜의 음성을 얻으며, 일체 법을 연설하되 집착이 없고 끊이지 않는 음성을 얻게 하려는 것이니라."

득 일 체 법 광 명 조 요 음　　득 능 령 일 체 세 간
得一切法光明照耀音하며 得能令一切世間으로

청 정 구 경　　지 어 일 체 지 음　　득 보 섭 일 체 법
清淨究竟하야 至於一切智音하며 得普攝一切法

구 의 음　　득 신 력 호 지 자 재 무 애 음　　득 도 일
句義音하며 得神力護持自在無礙音하며 得到一

체 세 간 피 안 지 음
切世間彼岸智音하며

"일체 법의 광명으로 비치는 음성을 얻으며, 일체 세간이 청정해서 구경에 온갖 지혜에 이르게 하는 음성을 얻으며, 일체 법의 구절과 뜻을 두루 포섭한 음성을 얻으며, 신통력으로 보호하여 자재하고 걸림이 없는 음성을 얻으며, 일체 세간의 저 언덕에 이르는 지혜의 음성을 얻게 하려는 것이니라."

우 이 차 선 근　영 일 체 중 생　득 불 하 열 음
又以此善根으로 令一切衆生으로 得不下劣音하며

득 무 포 외 음　득 무 염 착 음　득 일 체 중 회 도
得無怖畏音하며 得無染着音하며 得一切衆會道

량 환 희 음　득 수 순 미 묘 음
場歡喜音하며 得隨順美妙音하며

"또 이 선근으로써 일체 중생으로 하여금 용렬하지 않은 음성을 얻으며, 두려움이 없는 음성을 얻으며, 물들지 않는 음성을 얻으며, 일체 도량의 대중이 환희하는 음성을 얻으며, 수순하는 아름답고 묘한 음성을 얻

게 하려는 것이니라."

득선설일체불법음　득단일체중생의념
得善說一切佛法音하며 **得斷一切衆生疑念**하야

개령각오음　득구족변재음　득보각오일
皆令覺悟音하며 **得具足辯才音**하며 **得普覺悟一**

체중생장야수면음
切衆生長夜睡眠音이니라

"일체 불법을 잘 연설하는 음성을 얻으며, 일체 중생의 의혹을 끊어 모두 깨닫게 하는 음성을 얻으며, 변재를 구족한 음성을 얻으며, 일체 중생의 긴 밤에 오래 자는 잠을 두루 깨우는 음성을 얻게 하려는 것이니라."

음성에는 수많은 종류가 있을 수 있다. 그것을 여기에서 모두 열거하여 밝혔다. 음성이 교화의 주체가 되는 사바세계에서는 훌륭한 음성을 아무리 강조해도 지나치지 않을 것이기 때문이다.

음성과 아울러 아름답고 감동적인 문장으로 바른 법을 설명하는 방법도 빼놓을 수 없는 중요한 방편이다. 늘 설법을 하고 경전을 해설하는 사람으로서는 음성이 좋았으면 하는 바람과 함께 문장력이 뛰어났으면 하는 희망을 버릴 수가 없다.

(14) 인과因果가 원만하기를 원하다

불자 보살마하살 부이제선근 여시회향

佛子야 **菩薩摩訶薩**이 **復以諸善根**으로 **如是迴向**하나니

"불자들이여, 보살마하살이 다시 모든 선근으로 이와 같이 회향하느니라."

보살이 법을 보시하여 회향한 공덕으로 수행의 원인도 원만하고 결과도 원만하기를 원하는 내용이다. 모든 허물을 떠난 청정한 법신을 얻고, 모든 허물을 떠난 깨끗하고 묘한 공덕을 얻고, 모든 허물을 떠난 청정하고 묘한 상호를 얻는다는 것 등이 그것이다.

소위원일체중생 득리중과악청정법신
所謂願一切衆生이 得離衆過惡清淨法身하며

"이른바 '원컨대 일체 중생이 모든 허물을 떠난 청정한 법신法身을 얻어지이다.' 라고 하느니라."

원일체중생 득리중과악정묘공덕
願一切衆生이 得離衆過惡淨妙功德하며

"'원컨대 일체 중생이 모든 허물을 떠난 깨끗하고 묘한 공덕功德을 얻어지이다.' 라고 하느니라."

원일체중생 득리중과악청정묘상
願一切衆生이 得離衆過惡清淨妙相하며

"'원컨대 일체 중생이 모든 허물을 떠난 청정하고 묘한 상호相好를 얻어지이다.' 라고 하느니라."

원일체중생 득리중과악청정업과
願一切衆生이 得離衆過惡清淨業果하며

"'원컨대 일체 중생이 모든 허물을 떠난 청정한 업業의 과보果報를 얻어지이다.' 라고 하느니라."

원일체중생　득리중과악청정일체지심
願一切衆生이 得離衆過惡淸淨一切智心하며

"'원컨대 일체 중생이 모든 허물을 떠난 청정한 온갖 지혜의 마음을 얻어지이다.' 라고 하느니라."

원일체중생　득리중과악무량청정보리심
願一切衆生이 得離衆過惡無量淸淨菩提心하며

"'원컨대 일체 중생이 모든 허물을 떠난 한량없이 청정한 보리심菩提心을 얻어지이다.' 라고 하느니라."

원일체중생　득리중과악요지제근청정방편
願一切衆生이 得離衆過惡了知諸根淸淨方便하며

"'원컨대 일체 중생이 모든 허물을 떠나고 여러 근根을 아는 청정한 방편을 얻어지이다.' 라고 하느니라."

원일체중생 득리중과악청정신해
願一切衆生이 **得離衆過惡淸淨信解**하며

"'원컨대 일체 중생이 모든 허물을 떠난 청정한 믿음과 이해를 얻어지이다.' 라고 하느니라."

원일체중생 득리중과악청정근수무애행원
願一切衆生이 **得離衆過惡淸淨勤修無礙行願**하며

"'원컨대 일체 중생이 모든 허물을 떠나고 걸림이 없는 행行을 부지런히 닦는 청정한 원願을 얻어지이다.' 라고 하느니라."

원일체중생 득리중과악청정정념지혜변
願一切衆生이 得離衆過惡淸淨正念智慧辯

재
才니라

"'원컨대 일체 중생이 모든 허물을 떠나고 청정한 바른 생각과 지혜와 변재를 얻어지이다.' 라고 하느니라."

여기까지 보살이 법을 보시하여 회향한 공덕으로 수행의 원인도 원만하고 결과도 원만하기를 원하는 내용을 모두 밝혔다.

(15) 보리菩提에 회향하다

1〉 바른 결과를 얻다

불자 보살마하살 부이제선근 위일체
佛子야 菩薩摩訶薩이 復以諸善根으로 爲一切

중생 여시회향 원득종종청정묘신
衆生하야 如是迴向하야 願得種種淸淨妙身하나니

"불자들이여, 보살마하살이 다시 모든 선근으로 일

체 중생을 위하여 이와 같이 회향하면서 가지가지 청정하고 아름다운 몸을 얻기를 원하느니라."

보살이 법을 보시하여 보리에 회향하면서 바른 결과로서 여러 가지 몸을 얻는 것을 밝혔다. 먼저 가지가지 청정하고 아름다운 몸을 얻기를 원하였다.

소위광명신 이탁신 무염신 청정신 극
所謂光明身과 **離濁身**과 **無染身**과 **清淨身**과 **極**

청정신 이진신 극이진신 이구신 가애락
清淨身과 **離塵身**과 **極離塵身**과 **離垢身**과 **可愛樂**

신 무장애신
身과 **無障礙身**이라

"이른바 광명한 몸, 흐림을 떠난 몸, 물들지 않는 몸, 청정한 몸, 매우 청정한 몸, 먼지를 떠난 몸, 먼지를 아주 떠난 몸, 때를 떠난 몸, 사랑스러운 몸, 장애가 없는 몸이니라."

가지가지 청정하고 아름다운 몸으로서 열 가지를 들었다. 열 가지 몸으로 아래에 다시 몸에 의지하여 작용을 일으킴을 밝혔다.

어일체세계 현제업상 어일체세간 현
於一切世界에 **現諸業像**하며 **於一切世間**에 **現**
언설상 어일체궁전 현안립상 여정명경
言說像하며 **於一切宮殿**에 **現安立像**호대 **如淨明鏡**에
종종색상 자연현현 시제중생대보리행
種種色像이 **自然顯現**하야 **示諸衆生大菩提行**하며

"일체 세계에서 모든 업의 영상映像을 나타내며, 일체 세간에서 말하는 영상을 나타내며, 일체 궁전에서 나란히 건립하는 영상을 나타내는 것이 마치 밝은 거울과 같이 갖가지 색상이 자연히 나타나서 모든 중생에게 큰 보리의 행行을 보이느니라."

몸에 의지해서 작용을 일으키는데 먼저 일체 세계에서 모든 업의 영상을 나타내고, 일체 세간에서 말하는 영상을 나

타내고, 일체 궁전에서 나란히 건립하는 영상을 나타내었다. 이와 같이 나타내어 다시 열 가지 모든 중생의 바른 결과를 보였다. 큰 보리의 행과 매우 깊고 미묘한 법과 갖가지 공덕 등을 아래의 경문과 같이 보였다.

시 제 중 생 심 심 묘 법　　시 제 중 생 종 종 공 덕
示諸衆生甚深妙法하며 **示諸衆生種種功德**하며

시 제 중 생 수 행 지 도　　시 제 중 생 성 취 지 행
示諸衆生修行之道하며 **示諸衆生成就之行**하며

시 제 중 생 보 살 행 원
示諸衆生菩薩行願하며

"모든 중생에게 매우 깊고 미묘한 법을 보이며, 모든 중생에게 갖가지 공덕을 보이며, 모든 중생에게 수행하는 도道를 보이며, 모든 중생에게 성취하는 행을 보이며, 모든 중생에게 보살의 행과 원을 보이느니라."

시 제 중 생 어 일 세 계 일 체 세 계　불 흥 어 세
示諸衆生於一世界一切世界에 **佛興於世**하며

시제중생일체제불신통변화 시제중생일체
示諸衆生一切諸佛神通變化하며 示諸衆生一切

보살불가사의해탈위력
菩薩不可思議解脫威力하며

"모든 중생에게 한 세계에서 일체 세계의 부처님이 세상에 출현하심을 보이며, 모든 중생에게 일체 모든 부처님의 신통과 변화를 보이며, 모든 중생에게 일체 보살의 불가사의한 해탈과 위력威力을 보이느니라."

시제중생성만보현보살행원일체지성 보
示諸衆生成滿普賢菩薩行願一切智性이니 菩

살마하살 이여시등미묘정신 방편섭취일
薩摩訶薩이 以如是等微妙淨身으로 方便攝取一

체중생 실령성취청정공덕일체지신
切衆生하야 悉令成就淸淨功德一切智身이니라

"모든 중생에게 보현보살普賢菩薩의 행과 원을 성취하는 일체 지혜의 성품을 보이느니라. 보살마하살이 이와 같이 미묘하고 청정한 몸으로써 방편으로 일체 중생을 포섭하여 모두 청정한 공덕과 일체 지혜의 몸을 성취하게 하느니라."

열 가지 몸으로 작용을 일으켜 세계와 세간과 궁전에서 일체 중생에게 다시 열 가지를 보이는데 끝으로 모든 중생에게 보현보살의 행과 원을 성취하는 일체 지혜의 성품을 보였다.

2〉 원인과 결과가 원만하기를 원하다

〈1〉 이치[理]에 나아가 작용을 일으키다

불자 보살마하살 부이법시 소생선근

佛子야 **菩薩摩訶薩**이 **復以法施**의 **所生善根**으로

여시회향

如是廻向호대

"불자들이여, 보살마하살이 다시 법을 보시하여 생긴 선근으로 이와 같이 회향하느니라."

보살이 법을 보시하여 회향하는데 그 원인과 결과가 원만하기를 원하는 내용을 밝혔다. 먼저는 본질인 이치에 나아가 그 작용을 일으키는 내용이다.

원신 수주일체세계 수보살행 중생
願身이 **隨住一切世界**하야 **修菩薩行**이어든 **衆生**

견자 개실불허 발보리심 영무퇴전
見者가 **皆悉不虛**하야 **發菩提心**하야 **永無退轉**하고

"'원컨대 몸이 일체 세계를 따라 머물면서 보살행을 닦고, 그것을 보는 중생들은 다 헛되지 아니하고 보리심菩提心을 내어 영원히 퇴전치 않아지이다.' 라고 하느니라."

보살이 법을 보시하여 다시 회향할 때에 그 몸이 일체 세계를 따라 머물면서 보살행을 닦고, 보살행 닦는 것을 보는 중생들이 모두 다 보리심을 내어 영원히 퇴전하지 않기를 원하는 회향이다.

불교는 오로지 이 회향이라는 한마디에 있다. 사람이 숨을 들이마시고 내쉬는 것이 회향이며, 음식물을 먹고 배설하는 것이 회향이다. 그와 같이 자신의 능력을 모두 회향해야 한다. 재화도 회향하고, 권세도 회향하고, 지식도 회향하고, 수행도 회향하고, 재능도 회향하고, 육체적인 힘까지 모두 회향해야 한다.

순진실의 불가경동 어일체세계 진
順眞實義하야 不可傾動하며 於一切世界에 盡

미래겁 주보살도 이무피염 대비균보
未來劫토록 住菩薩道호대 而無疲厭하야 大悲均普

양동법계 지중생근 응시설법 상불
하야 量同法界하며 知衆生根하야 應時說法호대 常不

휴식
休息하며

"'진실한 이치를 순응하여 누구도 움직일 수 없으며, 일체 세계에서 미래의 겁이 다하도록 보살의 도에 머물러서 피로함이 없으며, 큰 자비심이 고르게 두루 하여 법계의 분량과 같으며, 중생들의 근성根性을 알고 때를 맞추어 법을 설하여 항상 쉬지 않아지이다.' 라고 하느니라."

법을 보시하여 회향하는 보살은 진실한 이치에 순응하는 사람이다. 누가 그를 움직일 수 있겠는가. 또 미래의 겁이 다하도록 보살의 도에 머문 사람이다. 큰 자비심이 골고루 두루 하다. 중생들의 근성根性을 알고 때를 맞추어 법을 설하는 사람이다.

어선지식　심상정념　내지불사일찰나경
於善知識에 心常正念호대 乃至不捨一刹那頃

일체제불　상현재전　심상정념　미증
하며 一切諸佛이 常現在前이어든 心常正念호대 未曾

잠해　수제선근　무유허위
暫懈하고 修諸善根하야 無有虛僞하며

"'선지식을 항상 바르게 생각하여 한 찰나 동안도 버리지 아니하며, 일체 모든 부처님이 항상 앞에 나타나고 항상 바르게 생각하여 잠깐도 게으르지 아니하고, 모든 선근을 닦아서 거짓이 없어지이다.' 라고 하느니라."

법을 보시하여 회향하는 사람은 선지식을 항상 바르게 생각하여 한 찰나 동안도 버리지 아니한다. 모든 부처님이 항상 앞에 나타나고 항상 바르게 생각하여 잠깐도 게으르지 아니한다. 모든 선근을 닦아서 일체 거짓이 없다. 법을 보시하는 사람은 원인과 결과가 원만하기가 이와 같다.

치제중생어일체지 영불퇴전 구족일
置諸衆生於一切智하야 令不退轉하야 具足一

체불법광명 지대법운 수대법우 수보
切佛法光明하며 持大法雲하고 受大法雨하야 修菩

살행
薩行하니라

"'모든 중생을 일체 지혜에 두어서 퇴전하지 않게 하며, 일체 부처님 법의 광명을 구족하여 큰 법의 구름을 지니고, 큰 법의 비를 받으며, 보살의 행을 닦아지이다.' 라고 하느니라."

법을 보시하여 회향하는 사람은 모든 중생을 일체 지혜에 두어서 퇴전하지 않게 한다. 일체 부처님 법의 광명을 구족하여 큰 법의 구름을 지니고, 큰 법의 비를 받는다. 항상 보살의 행을 닦아 지닌다. 법을 보시하여 회향하는 사람은 이 원과 같이 살아간다.

〈2〉 사事에 나아가 깊은 데 들어가다

입일체중생 입일체불찰 입일체제법
入一切衆生하며 入一切佛刹하며 入一切諸法하며

입일체삼세 입일체중생업보지 입일체보
入一切三世하며 入一切衆生業報智하며 入一切菩

살선교방편지
薩善巧方便智하며

"'일체 중생에게 들어가며, 일체 부처님의 세계에 들어가며, 일체 법에 들어가며, 일체 삼세에 들어가며, 일체 중생의 업보의 지혜에 들어가며, 일체 보살의 공교한 방편 지혜에 들어가지이다.' 라고 하느니라."

법을 보시하여 회향하는 사람은 이 원과 같이 일체 중생에게 들어가며, 일체 부처님의 세계에 들어가며, 일체 법에 들어가며, 일체 삼세에 들어가며, 일체 중생의 업보의 지혜에 들어가며, 일체 보살의 공교한 방편 지혜에 들어가리라.

입일체보살출생지 입일체보살청정경계
入一切菩薩出生智하며 入一切菩薩淸淨境界

지　　입일체불자재신통　　입일체무변법계
智하며 入一切佛自在神通하며 入一切無邊法界하야

어차안주　　수보살행
於此安住하야 修菩薩行이니라

"'일체 보살의 출생하는 지혜에 들어가며, 일체 보살의 청정한 경계의 지혜에 들어가며, 일체 부처님의 자재한 신통에 들어가며, 일체의 그지없는 법계에 들어가서 거기에 편안히 머물면서 보살의 행을 닦아지이다.' 라고 하느니라."

법을 보시하여 회향하는 사람은 다시 또 이 원과 같이 일체 보살의 출생하는 지혜에 들어가며, 일체 보살의 청정한 경계의 지혜에 들어가며, 일체 부처님의 자재한 신통에 들어가며, 일체의 그지없는 법계에 들어가서 거기에 편안히 머물면서 보살의 행을 닦으리라. 이것이 회향의 공덕이다.

십회향 중 마지막 법계와 동등한 한량없는 회향은 다음 권으로 이어진다. 일체 선근을 닦아 회향하는 것이 회향의 큰 뜻이지만 특히 이 열 번째 회향에서는 법을 보시하여 회향함을 널리 밝혔다.

부처님은 육신의 병을 고치는 세속의 의사가 아니었다. 또한 재산이 많은 거부장자도 아니었다. 권세가 높은 사람은 더욱 아니었다. 다만 존재의 이치를 깨달은 진리의 심부름꾼일 뿐이다. 그래서 80평생 노구를 이끌고 중생들에게 진리의 가르침을 전파하기 위해 뜨거운 땅을 유행遊行하시다가 열반에 드신 분이다. 그것이 곧 법을 보시하고 다시 회향하신 일생이다. 불교의 팔만사천 법문은 이 '회향'이라는 한마디를 이해하고 실천하게 하는 가르침이다.

십회향품 10 끝

〈제32권 끝〉

華嚴經 構成表

<table>
<tr><th>分次</th><th colspan="2">周次</th><th>内容</th><th>品數</th><th>會次</th></tr>
<tr><td>擧果勸樂生信分
(信)</td><td colspan="2">所信因果周</td><td>如來依正</td><td>世主妙嚴品 第一
如來現相品 第二
普賢三昧品 第三
世界成就品 第四
華藏世界品 第五
毘盧遮那品 第六</td><td>初會</td></tr>
<tr><td rowspan="9">修因契果生解分
(解)</td><td rowspan="7">差別因果周</td><td rowspan="6">差別因</td><td>十信</td><td>如來名號品 第七
四聖諦品 第八
光明覺品 第九
菩薩問明品 第十
淨行品 第十一
賢首品 第十二</td><td>二會</td></tr>
<tr><td>十住</td><td>昇須彌山頂品 第十三
須彌頂上偈讚品 第十四
十住品 第十五
梵行品 第十六
初發心功德品 第十七
明法品 第十八</td><td>三會</td></tr>
<tr><td>十行</td><td>昇夜摩天宮品 第十九
夜摩天宮偈讚品 第二十
十行品 第二十一
十無盡藏品 第二十二</td><td>四會</td></tr>
<tr><td>十廻向</td><td>昇兜率天宮品 第二十三
兜率宮中偈讚品 第二十四
十廻向品 第二十五</td><td>五會</td></tr>
<tr><td>十地</td><td>十地品 第二十六</td><td>六會</td></tr>
<tr><td>等覺</td><td>十定品 第二十七
十通品 第二十八
十忍品 第二十九
阿僧祇品 第三十
如來壽量品 第三十一
菩薩住處品 第三十二</td><td rowspan="4">七會</td></tr>
<tr><td>差別果</td><td rowspan="3">妙覺</td><td>佛不思議法品 第三十三
如來十身相海品 第三十四
如來隨好光明功德品 第三十五</td></tr>
<tr><td rowspan="2">平等因果周</td><td>平等因</td><td>普賢行品 第三十六</td></tr>
<tr><td>平等果</td><td>如來出現品 第三十七</td></tr>
<tr><td>托法進修成行分
(行)</td><td colspan="2">成行因果周</td><td>二千行門</td><td>離世間品 第三十八</td><td>八會</td></tr>
<tr><td>依人證入成德分
(證)</td><td colspan="2">證入因果周</td><td>證果法門</td><td>入法界品 第三十九</td><td>九會</td></tr>
</table>

(資料：文殊經典研究會)

會場	放光別	會主	入定別	說法別擧
菩提場	遮那放齒光眉間光	普賢菩薩爲會主	入毘盧藏身三昧	如來依正法
普光明殿	世尊放兩足輪光	文殊菩薩爲會主	此會不入定· 信未入位故	十信法
忉利天宮	世尊放兩足指光	法慧菩薩爲會主	入無量方便三昧	十住法門
夜摩天宮	如來放兩足趺光	功德林菩薩爲會主	入菩薩善思惟三昧	十行法門
兜率天宮	如來放兩膝輪光	金剛幢菩薩爲會主	入菩薩智光三昧	十廻向法門
他化天宮	如來放眉間毫相光	金剛藏菩薩爲會主	入菩薩大智慧光明三昧	十地法門
再會普光明殿	如來放眉間口光	如來爲會主	入刹那際三昧	等妙覺法門
三會普光明殿	此會佛不放光· 表行依解法依解光故	普賢菩薩爲會主	入佛華莊嚴三昧	二千行門
祇陀園林	放眉間白毫光	如來善友爲會主	入獅子頻申三昧	果法門

如天 無比

1943년 영덕에서 출생하였다. 1958년 출가하여 덕홍사, 불국사, 범어사를 거쳐 1964년 해인사 강원을 졸업하고 동국역경연수원에서 수학하였다. 10여 년 선원생활을 하고 1976년 탄허 스님에게 화엄경을 수학하고 전법, 이후 통도사 강주, 범어사 강주, 은해사 승가대학원장, 대한불교조계종 교육원장, 동국역경원장, 동화사 한문불전승가대학원장 등을 역임하였다.
2018년 5월에는 수행력과 지도력을 갖춘 승랍 40년 이상 되는 스님에게 품서되는 대종사 법계를 받았다. 현재 부산 문수선원 문수경전연구회에서 150여 명의 스님과 300여 명의 재가 신도들에게 화엄경을 강의하고 있다. 또한 다음 카페 '염화실'(http://cafe.daum.net/yumhwasil)을 통해 '모든 사람을 부처님으로 받들어 섬김으로써 이 땅에 평화와 행복을 가져오게 한다.'는 인불사상人佛思想을 펼치고 있다.

저서로『무비 스님의 유마경 강설』(전 3권),『대방광불화엄경 실마리』,『무비 스님의 왕복서 강설』,『무비 스님이 풀어 쓴 김시습의 법성게 선해』,『법화경 법문』,『신금강경 강의』,『직지 강설』(전 2권),『법화경 강의』(전 2권),『신심명 강의』,『임제록 강설』,『대승찬 강설』,『당신은 부처님』,『사람이 부처님이다』,『이것이 간화선이다』,『무비 스님과 함께하는 불교공부』,『무비 스님의 증도가 강의』,『일곱 번의 작별인사』, 무비 스님이 가려 뽑은 명구 100선 시리즈(전 4권) 등이 있고 편찬하고 번역한 책으로『화엄경(한글)』(전 10권),『화엄경(한문)』(전 4권),『금강경 오가해』등이 있다.

대방광불화엄경 강설 제32권

| **초판 1쇄 발행**_ 2015년 12월 5일
| **초판 3쇄 발행**_ 2021년 6월 15일

| **지은이**_ 여천 무비(如天 無比)
| **펴낸이**_ 오세룡
| **편집**_ 박성화 손미숙 유나리
| **기획**_ 최은영 곽은영
| **디자인**_ 고혜정 김효선 장혜정
| **홍보 마케팅**_ 이주하
| **펴낸곳**_ 담앤북스
서울특별시 종로구 새문안로3길 23 경희궁의 아침 4단지 805호
대표전화 02)765-1251 전송 02)764-1251 전자우편 damnbooks@hanmail.net
출판등록 제300-2011-115호
| ISBN 978-89-98946-78-4 04220

정가 14,000원

法主金剛幢菩薩